Neu gestalteter elektronischer Geschäftsverkehr

Sharon Gai

Neu gestalteter elektronischer Geschäftsverkehr

Einzelhandel und E-Commerce in China

Sharon Gai
Hangzhou, China

Dieses Buch ist eine Übersetzung des Originals in Englisch „Ecommerce Reimagined" von Gai, Sharon, publiziert durch Springer Nature Singapore Pte Ltd. im Jahr 2022. Die Übersetzung erfolgte mit Hilfe von künstlicher Intelligenz (maschinelle Übersetzung durch den Dienst DeepL.com). Eine anschließende Überarbeitung im Satzbetrieb erfolgte vor allem in inhaltlicher Hinsicht, so dass sich das Buch stilistisch anders lesen wird als eine herkömmliche Übersetzung. Springer Nature arbeitet kontinuierlich an der Weiterentwicklung von Werkzeugen für die Produktion von Büchern und an den damit verbundenen Technologien zur Unterstützung der Autoren.

ISBN 978-981-19-5983-7   ISBN 978-981-19-5984-4 (eBook)
https://doi.org/10.1007/978-981-19-5984-4

Die Deutsche Nationalbibliothek verzeichnet diese Publikation in der Deutschen Nationalbibliografie; detaillierte bibliografische Daten sind im Internet über http://dnb.d-nb.de abrufbar.

Springer Gabler
© Der/die Herausgeber bzw. der/die Autor(en), exklusiv lizenziert an Springer Nature Singapore Pte Ltd. 2023
Das Werk einschließlich aller seiner Teile ist urheberrechtlich geschützt. Jede Verwertung, die nicht ausdrücklich vom Urheberrechtsgesetz zugelassen ist, bedarf der vorherigen Zustimmung des Verlags. Das gilt insbesondere für Vervielfältigungen, Bearbeitungen, Übersetzungen, Mikroverfilmungen und die Einspeicherung und Verarbeitung in elektronischen Systemen.
Die Wiedergabe von allgemein beschreibenden Bezeichnungen, Marken, Unternehmensnamen etc. in diesem Werk bedeutet nicht, dass diese frei durch jedermann benutzt werden dürfen. Die Berechtigung zur Benutzung unterliegt, auch ohne gesonderten Hinweis hierzu, den Regeln des Markenrechts. Die Rechte des jeweiligen Zeicheninhabers sind zu beachten.
Der Verlag, die Autoren und die Herausgeber gehen davon aus, dass die Angaben und Informationen in diesem Werk zum Zeitpunkt der Veröffentlichung vollständig und korrekt sind. Weder der Verlag noch die Autoren oder die Herausgeber übernehmen, ausdrücklich oder implizit, Gewähr für den Inhalt des Werkes, etwaige Fehler oder Äußerungen. Der Verlag bleibt im Hinblick auf geografische Zuordnungen und Gebietsbezeichnungen in veröffentlichten Karten und Institutionsadressen neutral.

Planung/Lektorat: Ann-Kristin Wiegmann
Springer Gabler ist ein Imprint der eingetragenen Gesellschaft Springer Nature Singapore Pte Ltd. und ist ein Teil von Springer Nature.
Die Anschrift der Gesellschaft ist: 152 Beach Road, #21-01/04 Gateway East, Singapore 189721, Singapore

An alle, die sich auf die Zukunft freuen.

Danksagungen

Zunächst möchte ich allen danken, die sich zu den Interviews für mein Buch bereit erklärt haben. Dies war ein Produkt des kollektiven Wissens mehrerer Personen. Ich war lediglich der Transkriptor und Kurator all dieser Informationen.

Ich muss Alibaba als Plattform danken, die es mir ermöglicht, an der Seite erfahrener E-Commerce-Experten zu lernen und einige der neuesten Projekte zu leiten. Während meiner Zeit hier habe ich viele Premieren erlebt, und es war definitiv das interessanteste Unternehmen, für das ich arbeiten durfte. Dafür möchte ich Brian Wong danken, der ein früher Mitarbeiter von Alibaba war und mich in das Globalisierungsprogramm von Jack Ma gebracht hat.

Allen Marken und Hunderten von Händlern, mit denen ich auf diesem Weg zusammengearbeitet habe, möchte ich danken. Sie alle haben mich etwas Besonderes über den chinesischen Markt gelehrt.

Ich danke Matthew Brennan und Kevin Shimota dafür, dass sie mich am Anfang meiner Reise begleitet haben, als ich meine eigene Version des Chinas, das ich erlebt habe, aufschrieb. Ich denke, es braucht mehr Wellen von Pionieren wie uns, damit die Welt China besser versteht.

Ich danke Kate Pugh, meiner Professorin an der Columbia University, die mich auf meiner ersten Schreibreise begleitet hat.

Vielen Dank an das, was wir intern als „Mansion" bezeichnen, die die erste Gruppe von Menschen waren, die etwas über China veröffentlichten und der Welt die Geschichten erzählen wollten, die wir ertragen mussten.

Ich bin dem Redaktionsteam von Palgrave sehr dankbar, dass sie mich bei meinem ersten Buch begleitet haben. Mein besonderer Dank gilt Ashwini Elango, Aurelia Heumader und Jacob Dreyer. Mein besonderer Dank gilt auch Jacob, der mir so behilflich war, mich mit wichtigen Leuten in der Branche bekannt zu machen.

Schließlich möchte ich meiner Familie danken. Es ist schön, eine Familie gegründet zu haben, gerade in der Zeit, in der ich das Potenzial Chinas erkennen konnte. Und ich danke meinem Mann, der dieses Buch von der ersten bis zur letzten Seite begleitet hat.

Prolog

Was war *Ihr* erster Eindruck von China? Welche Szene hat sich Ihnen besonders eingeprägt? War es ein Ausflug zur Großen Mauer? War es ein CNN-Nachrichtenartikel?

Ich nehme an, meiner war ein bescheidenes Krankenhaus irgendwo in Dalian in Liaoning, China, einer Stadt der Stufe 2. Dalian ist eine Hafenstadt im Nordosten Chinas, die von drei Seiten von Wasser umgeben ist. Sie ist Teil des Großen Dongbei, wo die Menschen vor allem dafür bekannt sind, bodenständig zu sein und einen natürlichen Sinn für Humor zu haben. Da ich in jungen Jahren nach Kanada ging, verfestigte sich mein Eindruck von China erst, als ich etwa zwanzig Jahre später in ein vegetarisches Luxusrestaurant mit Molekulargastronomie zurückkehrte, für eine sechsmonatige Bewerbungsphase bei Alibaba. Und da wurde mir klar, dass ich in ein Land eintauchte, das ich vor zwanzig Jahren verlassen hatte und das ich nicht wiedererkannte.

Für viele ist China ein geheimnisvolles Land mit einem enormen Wirtschaftswachstum. Als zweitgrößte Volkswirtschaft der Welt ist sein Gesamtumsatz im Einzelhandel fast so hoch wie der Gesamtwert des Einzelhandels in den USA. Für viele Luxusmarken ist China bereits ihr größter Verbrauchermarkt. Allein die Bevölkerungszahl des Landes ist mit 1,4 Milliarden Menschen mehr als dreimal so hoch wie die der USA. Der größte Teil des Wachstums wird der wachsenden Mittelschicht Chinas und dem Anstieg des verfügbaren Einkommens zugeschrieben, wobei die „Mass Affluent" mit einem Jahreseinkommen von etwa 40.000 USD den größten Zuwachs verzeichnet.

Für ein Unternehmen ist es nur logisch, diesen Markt als Wachstumsmarkt zu betrachten, wenn die Märkte der Industrieländer abzuflachen beginnen. Aber hinter China steckt viel mehr als nur die Zahlen, die es repräsentiert. In diesem Buch möchte ich diese großen Zahlen in echte Menschen und Geschichten verwandeln, so dass Sie, egal wer Sie sind, ob Student, Professor, Unternehmer oder CMO einer Marke, den Markt näher kennenlernen können. Nur wenige hatten die Möglichkeit, wirklich in dem Land zu leben, vor allem seit der Covid-Pandemie mit den strengen Gesetzen bei der Einreise, aber ich hoffe, Ihnen diese andere Welt durch das, was ich gelernt habe, und durch Geschichten aus erster Hand zeigen zu können. Ich nehme Sie mit auf den Alibaba-Campus und zeige Ihnen, wie das größte Shopping-Festival der Welt entsteht. Ich werde Sie in Livestream-Räume mitnehmen, in denen Reisen mit Raketen verkauft werden. Ich werde Ihnen die neuesten Spielzeuge für Erwachsene in Form einer Blind Box vorstellen, die China im Sturm erobert hat.

Ich hatte das Glück, fast fünf Jahre lang in einem der größten Technologieunternehmen Chinas zu arbeiten. Ich hoffe, Ihnen eine andere Welt zu zeigen, die Sie normalerweise nicht bei Google oder YouTube finden würden. Die Internetwelt ist heute in zwei Fraktionen geteilt (wenn wir das Dark Web ausschließen). Wenn Sie in einer Welt mit reguliertem Internet leben, gibt es die „normale Welt", die von Google, Facebook und Netflix beherrscht wird, und dann gibt es die chinesische Welt, die von Tencent, Alibaba und Baidu beherrscht wird. Die aus beiden Welten stammenden Inhalte bleiben in ihren eigenen Bahnen, ohne große Überschneidungen, was vor allem an der Firewall in China liegt, die westliche Inhalte nicht durchdringen kann, und an der unsichtbaren Firewall der chinesischen Sprache für den Westen. In Gesprächen mit vielen Marken und Unternehmern, die sich um den Einstieg in den chinesischen E-Commerce bemühen, haben mir viele mitgeteilt, dass Informationen über den chinesischen E-Commerce schwer zu finden sind. Daher habe ich die Hunderte von Gesprächen, die ich bereits mit Marken und Unternehmern geführt habe, in vier leicht zu lesenden Kapiteln zusammengefasst, die Ihnen hoffentlich helfen, mehr über Tmall selbst und das chinesische E-Commerce-Ökosystem zu erfahren.

In diesem Buch lernen Sie die grundlegenden Bausteine für den elektronischen Handel in China kennen. Zunächst wird das chinesische Internet-Ökosystem vorgestellt und alle Apps hervorgehoben, die für Marken und Unternehmen, die in den chinesischen Markt eintreten wollen, relevant sind. Anschließend werden grundlegende E-Commerce-Theorien wie das Goldene Dreieck, die E-Commerce-Gleichung, Verbraucherprofile, Merchandising und Methoden des In-App- und Out-of-App-Marketings vorgestellt. Dann werde ich die jüngsten Trends in China beleuchten, wie Livestreaming, Blind Boxes, SHEconomy, New Retail, Quick Commerce und VR/AR. Schließlich zeige ich Ihnen Fallstudien von Marken in China, die sich in einem hart umkämpften Direct-to-Consumer-Markt einen Namen gemacht haben. Ich werde erklären, wie man am besten mit der Plattform arbeitet, wie man einen Tmall-Partner (TP) auswählt und Erfahrungen von H&M und Adidas auf ihrer digitalen Reise in China teilen. Auch wenn sich die Ausführungen vor allem auf China beziehen, werden Sie in der Lage sein, diese Konzepte auf ein anderes Land anzuwenden, wenn Sie Ihre digitale Reise beginnen.

In diesem Sinne: Viel Spaß beim Lesen und Lernen!

Hangzhou, China Sharon Gai
2021

Inhaltsverzeichnis

1	**Der Schauplatz**	1
	Die Anfänge	1
	Von B2B zu C2C zu B2C	2
	Arbeiten, leben, treffen bei Ali – Alibaba Breakdown	4
	E-Commerce, eine Entwicklung	6
	Das ABC eines Tmall-Ladens	8
	Arten von Geschäften	9
	Verschiedene Modelle	11
	Jenseits von CPG-Produkten	12
	Die Unterschiede zwischen Ost und West	13
	Fokus auf Marken statt auf Produkte	14
	Der Schwerpunkt liegt darauf, nur die Plattform zu sein	14
	Ko-Wettbewerb	14
	Personalisierung	15
	Ein anderes Ökosystem	17
	Soziale Apps	17
	Die Auswahl der richtigen E-Commerce-Plattform	31
	Bezahl-Apps	31
	Die Mauern des Gartens durchbrechen	35

2 Rahmenwerke und Konzepte — 37
Das Goldene Dreieck des chinesischen E-Commerce — 37
Verbrauchermarkt – die acht Verbraucherprofile im chinesischen E-Commerce — 39
Merchandising — 42
Marketing in und außerhalb der App — 45
In-App-Marketing — 46
Das erste Double 11 — 46
Kampagnen — 49
Wichtige Festivals zum Aufschlüsseln — 50
Das Konzept der Pferderennen — 54
Vermarktung von IPs — 55
Marken-Webseite — 58
Programmatisches Marketing-Alimama — 59
Marketing außerhalb der App — 63
KOLs und Affiliate Marketing — 65
Säen und Ernten — 66
KOCs und KOLs, was ist der Unterschied? — 66
Co-Marketing mit der Plattform — 67
Öffentliche und private Sphären des Traffics — 68
AIPL — 69
Aufschlüsselung der alten Gleichung für den E-Commerce — 70
Aufschlüsselung der neuen Gleichung — 71
Datenanalyse — 72
生意参谋-Geschäftsanalyse — 73
Data Bank — 74
Uni-Ausweis — 74

3 Aufkommende Trends — 77
Der Trend zum Livestreaming — 77
Was ist Livestreaming? — 78
Wie sieht ein Livestream-Raum aus? — 78
Geschichte des Livestreamings — 81
Warum ist der Aufstieg der KOLs so wichtig? — 84
Entwicklung des Livestreamings — 85
Livestreaming während Covid — 88
Dora Vija — 89

Austin Li	90
Berühmte Persönlichkeiten	91
Livestreaming in der Zukunft	91
Neuer Einzelhandel	91
Der Kampf zwischen Online und Offline	93
Hema: Der ultimative Supermarkt	94
及时配送 *Jí Shí Pèi Sòng Just in Time Commerce oder Quick Commerce*	96
Schneller Handel	96
Sheconomy	98
Ansprache der Generation Z	100
Hergestellt in China	103
Cross Branding	105
C2M	113
KI und Avatare	114
Blind Boxes und das Hook-Modell	116
Blind Boxes und das Hook-Modell	121
VR, AR	123

4 Anwendung 127

Fallstudien	127
Fallstudie: Perfect Diary, eine Lektion in „explosivem Marketing"	128
Fallstudie: Adopt-a-Cow, ein neues Verkaufsmodell in der Konsumgüterindustrie	133
Fallstudie: Li Ziqi, eine Lektion in Traffic-Monetarisierung	135
Fallstudie: NEIWAI, die Veränderung der chinesischen Wahrnehmung von Schönheit	138
Fallstudie: Zihaiguo, ein Versuch, Instantnudeln zu ersetzen	140
Fallstudie: Saturn Bird, Verflechtung von Nachhaltigkeit und Kaffee	144
Formulierung einer Strategie für den E-Commerce in China	147
Wie man am besten mit der Plattform arbeitet	150
Wie man TPs auswählt	153
TP-Geschäftsmodell	154
Eine Schlappe für eine der größten Modemarken der Welt	156
Von der Idee bis zur Markteinführung	157
Die Dinge nehmen eine Wendung	158

China, ein strategischer Markt für Adidas 159
*Auswirkungen des elektronischen Geschäftsverkehrs auf
Gesellschaft und Umwelt* 160
Der Einfluss des E-Commerce auf die chinesische Gesellschaft 161
Die Auswirkungen des E-Commerce auf das ländliche China 162
Ist der E-Commerce besser für die Umwelt? 163
Tmalls Blick auf die Grüne Revolution 165
Jenseits von China 166
Tmall HK 167
Lazada 169

Anhang A. Epilog 171

Über die Autorin

Sharon Gai ist eine in China geborene Kanadierin, die mehr als zehn Jahre in den Bereichen E-Commerce, digitales Marketing und Branding gearbeitet hat. Die Einwanderung in jungen Jahren in ein neues Land, in dem sie die Landessprache nicht beherrschte, hat ihre Anpassungsfähigkeit und Belastbarkeit geschult und ihre innere Kreativität geweckt, so dass sie in der Lage ist, sich sowohl mit dem Osten als auch mit dem Westen zu verbinden. Sharon ist Global Shaper in der chinesischen Sektion des Weltwirtschaftsforums und hat einen Bachelor-Abschluss mit Auszeichnung in internationaler Entwicklung von McGill und einen Master-Abschluss in Informationsmanagement von der Columbia University.

Sie begann ihre Karriere im E-Commerce bei einem Fortune-500-Systemintegrator, der es KMUs ermöglichte, Computerhardware bequem online zu bestellen. Danach wurde sie für die Alibaba Global Leadership Academy ausgewählt, ein von Jack Ma ins Leben gerufenes Programm mit einer Annahmequote von 0,3 %, das globale Führungskräfte für die Globalisierung der internen Geschäftsgruppen von Alibaba einstellte. In ihrer Zeit bei Tmall, Chinas größter E-Commerce-Plattform, hat sie große bis aufstrebende Internet-Viral-Marken bei der Entwicklung ihrer digitalen Marketing- und Online-E-Commerce-Strategie in China beraten. Sie war Leiterin des Bereichs Global Key Accounts bei Tmall und hat für Xiaomi, Adidas, AS Watson, P&G und H&M eine Vordenkerrolle bei Omnichannel-Strategien übernommen. Sie war Hauptrednerin auf 100 E-Commerce- und Einzelhandelskonferenzen wie Shoptalk, Ecomworld,

Etail und Ecommerce Asia mit mehr als 40.000 Teilnehmern und hat vor Regierungen und Staatsoberhäuptern über die Entwicklungen der Technologiebranche in China referiert. Sie ist bei CCTV, Techcrunch, Retail Asia, The Next Web und der Singularity University aufgetreten und freut sich, der Welt die neuesten Trends aus China mitzuteilen. Sie ist die Autorin des Buches Ecommerce Reimagined: what we can learn in retail and ecommerce from China, das im Juni 2022 erscheinen wird.

KAPITEL 1

Der Schauplatz

Die Anfänge

Ich hatte dieses Foto aufgenommen, als ich zum ersten Mal in China ankam, um meine Reise bei Alibaba zu beginnen. Ich nahm an einem Programm zur Entwicklung von Führungskräften teil, und im Rahmen einer Schnitzeljagd mussten wir den Ort aufsuchen, an dem sich Jacks erste Wohnung befand, in der Alibaba gegründet wurde. Wenn Sie dieses Buch in die Hand genommen haben, werden Sie wahrscheinlich schon einiges über Alibaba als Unternehmen und seinen Gründer Jack Ma wissen. Ich werde die Anfänge des Unternehmens nicht im Detail beschreiben, da es viele andere Bücher gibt, die diese Geschichte sehr detailliert erzählt haben, wie z. B. Duncan Clarks *The House that Jack Ma Built* und Porter Erismans Film *Crocodile in the Yangtze*.

Aber für den Fall, dass Sie die ganze Geschichte nicht kennen, hier die Kurzfassung. Jack lernte Englisch, als er Touristen am Westsee herumführte und jede Gelegenheit nutzte, um Ausländer herumzuführen. Man kann sich den Westsee als das Äquivalent zum Central Park in New York vorstellen, ein Wahrzeichen der Stadt, umgeben von belebten Straßen und touristischen Aktivitäten. Natürlich war es für Jack ein Leichtes, dort eine ordentliche Zahl von Ausländern zu treffen. Er erzählt öffentlich, dass er sich in der Vergangenheit für verschiedene Jobs beworben hat, von Kentucky Fried Chicken (KFC) über die Polizei bis hin zum Sicherheitsdienst, und dass er bei allen abgelehnt wurde.

Einmal, als Jack in Seattle unterwegs war, suchte er im Internet nach deutschem Bier und erhielt viele Ergebnisse. Dann suchte er nach chinesischem Bier, was zu keinen Ergebnissen führte. Dann suchte er nach irgendetwas, das mit China zu tun hatte, und wieder gab es keine Ergebnisse. Ihm wurde klar, dass China und chinesische Dinge im Internet praktisch nicht existierten. Daraufhin beschloss er, China online zu stellen.

Als damaliger Lehrer wählte er 18 seiner Schüler aus und verbrachte sechs Monate in der oben abgebildeten Wohnung, aus der der heutige Alibaba hervorging.

Von B2B zu C2C zu B2C

Alibaba.com
Das erste international bekannte Produkt von Alibaba ist Alibaba.com, ein noch heute laufendes Produkt, das chinesische Fabriken online stellte.

Zu dieser Zeit vertrauten nur wenige dem Internet. Nur wenige hatten überhaupt davon gehört, was das Internet leisten kann. Daher waren die ersten Mitarbeiter, die eingestellt wurden, von entscheidender Bedeutung für die Entwicklung des Unternehmens. Viele Bücher und Filme haben die Gruppe der „Eisernen Soldaten" dokumentiert. Dies war die erste Gruppe von Verkaufsvertretern, die jede Fabrik zu einem Ankerpächter auf der Plattform machten. Es heißt, dass sie von Hunden gejagt wurden, während sie durch das ländliche China rannten, um Fabriken in die Plattform einzubinden.

Auch heute noch wird diese Website von Lieferanten, Einkäufern und Marken aus der ganzen Welt besucht, um von Fabriken in China zu beziehen.

Taobao
Als Alibaba.com aufblühte, hatte Jack die nächste Idee, Taobao als Dienstleistung zu eröffnen. Die ersten Angebote waren einfach ungenutzte Gegenstände aus den Haushalten der Mitarbeiter, die sie nicht mehr benötigten. Um die User Experience zu testen, ließ er die Mitarbeiter gegenseitig Waren auf der Plattform kaufen, um die Illusion zu erzeugen, dass man mit der Plattform Geld verdienen kann. Als weitere Nutzer hinzukamen, wurde die erste C2C-App für Verbraucher geboren, die den Kauf und Verkauf von Waren zwischen Verbrauchern erleichtern sollte.

Schon bald traten lokale Marken der Plattform bei und kurz darauf auch globale Marken. Als das Team später erkannte, dass diese Plattform auch ein Werbekanal werden kann, starteten sie Taobao Mall.

Aus Taobao Mall wurde später Tmall, das die meisten Chinesen heute kennen.

Tmall
Tmall wurde 2012 gegründet, acht Jahre nach dem offiziellen Start von Taobao. Als das Team von Taobao feststellte, dass bestimmte Marken auf Taobao Geld verdienen konnten, wurden viele Marken von der Menge an Traffic angezogen, die die Plattform bot. In den ersten Tagen des E-Commerce in China hatten die meisten Marken, wie auch viele in den USA, noch ihre eigenen Websites als Portal für den E-Commerce. Da nur wenige Marken auf der Plattform verkauften, konnten die ersten Marken in

Bezug auf die Besucherzahlen florieren. In Kap. 4 erfahren Sie, welchen Entscheidungsprozess das schwedische Modehaus H&M durchlaufen musste, um zu entscheiden, ob es zu einem Marktplatz wechseln sollte, nachdem es viel Geld in den Aufbau seiner eigenen E-Commerce-Website investiert hatte.

Die ersten Marken, die sich Tmall anschlossen, lösten eine Welle des Erfolgs aus. Die Bestseller Group, ein dänisches Unternehmen, das China schon früh ins Visier nahm, eröffnete mit Only, Vero Moda und Jack Jones die ersten Marken auf der Plattform, was zu ihrem Erfolg in den Offline-Läden führte.

Dies war die erste Anzeige für einen Double 11, die auf der Plattform zu sehen war. Viele der unten genannten Marken sind heute in China zu großen Fast-Fashion-Häusern geworden.

Foto der ersten Taobao Mall-Anzeige für Double 11

Arbeiten, leben, treffen bei Ali – Alibaba Breakdown

Alibaba ist heute ein digitales Ökosystem, das danach strebt, die fünftgrößte Wirtschaft der Welt zu werden. Intern wird jede App als „Business Group" (BG) bezeichnet. Taobao ist z. B. eine BG oder Fliggy. Abgesehen von den verbraucherorientierten Apps, die Alibaba hat, wissen nur wenige Menschen von den anderen BGs und Branchen, in denen Alibaba tätig ist.

Alibaba Investorenbericht 2020

Um das Unternehmen zu verstehen, können wir seine Geschäfte in fünf Hauptbereiche unterteilen. Die erste ist die Säule *„Handel"*, die die bekannten verbraucherorientierten Logos von Taobao und Tmall beherbergt, für die Alibaba in den Augen der chinesischen Verbraucher am bekanntesten ist. Jack hatte 2016 den Begriff „New Retail" entwickelt und vorausgesagt, dass dies die Zukunft des Einzelhandels sein würde. Daher begann Alibaba, verstärkt in den Offline-Einzelhandel zu investieren. Hema ist ein hybrider Offline- und Online-Lebensmittelmarkt, der zum Zeitpunkt der Erstellung dieses Artikels nur chinesischen Verbrauchern bekannt ist. Alibaba hat auch in vertikal integrierte Einzelhändler wie Suning und Sunart investiert. Im elektronischen Großhandel gibt es Alibaba.com, eine Website, die vielen Lieferanten und Markeninhabern bekannt sein dürfte.

Bei den *Verbraucherdiensten* gibt es Koubei und Ele.me, zwei Apps, die den Yelps dieser Welt sehr ähnlich sind, und Doordash für die Lieferung von Lebensmitteln. Fliggy ist eine App, die mit Kayak.com oder Expedia vergleichbar ist.

Vor einigen Jahren hat Jack auch eine Doppel-H-Strategie mit der Bezeichnung „Health and Happiness" eingeführt und damit angedeutet, dass dies in Zukunft die wichtigsten strategischen Richtungen sein werden, die das Unternehmen verfolgen sollte. Dies erklärt die vielen Akquisitionen im Unterhaltungssektor, zu dem jetzt Alibaba Pictures, Youku, Tudou und Alisports gehören, die die Säule *Digitale Medien und Unterhaltung* bilden.

Schließlich gibt es noch weitere Apps, die zur Säule der *strategischen Initiativen* gehören: Dingtalk, Amap und Tmall Genie. Dingtalk ist am ehesten mit Slack vergleichbar, einem Messaging-Dienst, der E-Mails unter Kollegen ersetzen soll. Diejenigen, die in der Vergangenheit in irgendeiner Form mit Alibaba zusammengearbeitet haben, waren wahrscheinlich gezwungen, diese App herunterzuladen, um mit Alibaba-Mitarbeitern zu kommunizieren. Amap ist ein Kartendienst ähnlich wie Google Maps. Im Jahr 2018 wurde ein Ride-Hailing-Dienst eröffnet. Tmall Genie ähnelt dem Amazon Echo, einem Hardware-Unternehmen mit einem Sprachassistenten, der sich auf das IOT des Hauses erstreckt.

In der Säule *Infrastruktur* schließlich haben wir Cainiao, Alipay und Alicloud. Alle Finanztransaktionen, die innerhalb des Unternehmens erforderlich sind, werden über Alipay abgewickelt, unabhängig davon, ob es sich um eine B2B-, C2C- oder B2C-Transaktion handelt. Alipay hat PayPal im Jahr 2013 als weltweit größte mobile Zahlungsplattform abgelöst. Alle Apps laufen auch in der Cloud, die von Alicloud betrieben wird. Was ursprünglich als firmeneigenes Rechenzentrum begann, wurde schließlich auf externe Kunden in China und der ganzen Welt ausgeweitet. Derzeit ist es der Cloud-Anbieter mit dem größten Markt in China.

E-Commerce, eine Entwicklung

Der E-Commerce in China wurde nicht immer von Tmall dominiert. Als ausländische Marken nach China kamen, starteten die meisten von ihnen Websites, wie sie es auch in ihrer Heimat taten. Da Taobao jedoch mehr Besucher anlockte, begannen die Marken sich zu fragen, ob es eine gute Idee sei, stattdessen ein Geschäft auf Tmall zu eröffnen. Dies führte zu einem Netzwerkeffekt. Sobald eine Ankermarke (z. B. Nike) auf Tmall eröffnete, folgten andere diesem Beispiel. Dies führte dazu, dass die Verbraucher mehr in die Plattform investierten, da es viel einfacher ist, auf einer einzigen Plattform zu kaufen als auf fünf oder sechs verschiedenen Plattformen. Die Starken wurden stärker, was zu der gigantischen Plattform führte, die wir heute haben und die mit 290.000 teilnehmenden Marken den größten Teil des chinesischen Marktes abdeckt.

Die Einrichtung eines Geschäfts bei Tmall ist ähnlich wie die Einrichtung eines Geschäfts bei Amazon oder die Eröffnung von Shopify. Die Marken haben ein Back-End-Produkt, um die Verbraucher direkt zu erreichen. Für viele ausländische Marken ist dies inzwischen die wichtigste Markteintrittsstrategie in China.

Heute ist dies die Startseite der Taobao-App.

Screenshot der Taobao-Startseite

Da Taobao mit rund 900 Millionen Nutzern bei den Verbrauchern so bekannt ist, wird es nun als zentraler Zugang für die Nutzer zu anderen Diensten wie Tmall Supermarket, Tmall Global, Fliggy's Ticketing-Service, Ele.me's Warenlieferung oder sogar zum Aufladen von Guthaben für Mobiltelefone genutzt. Dieser Bereich befindet sich in der Icon-Sektion, wie in der obigen Grafik beschrieben. Er dient auch als Hauptquelle für Werbung für Marken, die innerhalb der App werben möchten.

Das ABC eines Tmall-Ladens

Wie präsentieren Sie Ihren Kunden jetzt, da Sie auf Taobao sind, Ihre Produkte? Das geschieht über einen Tmall-Flagship-Store. Dies ist z. B. die Seite von Kim Kardashians KKW Fragrance Store, der vor zwei Jahren eröffnet wurde. Dies ist die Benutzeroberfläche, mit der die Nutzer interagieren, nachdem sie etwas in der App gesucht haben, um dann in einem Geschäft zu landen. Ein Standard-Layout besteht aus einer Markenanzeige mit Werbeaktivitäten oder einer Markengeschichte oben, Coupons in der Mitte, mit denen Kunden Rabatte im Geschäft erhalten können, und weiteren Artikeln unten. Einige Kosmetikmarken bieten auch ziemlich komplizierte Spiele an, um die Interaktion mit ihren Fans zu fördern, oder einen Augmented-Reality-Spiegel, in dem die Kunden bestimmte Farben ausprobieren können. Einige Geschäfte fügen auch eine spezielle Platzierung für Mitglieder des Geschäfts hinzu.

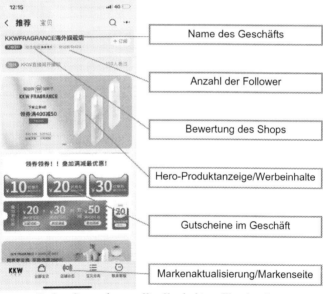

Taobao-Screenshot von Kim Kardashians Flagship-Store

Arten von Geschäften

Die häufigste Art von Geschäft, die eröffnet wird, ist das sogenannte *Marken-Flagship-Store*, bei dem das Tmall-Team prüft, ob Sie der Eigentümer der Marke sind. Wenn Sie ein Händler sind und eine bestimmte Marke verkaufen möchten, müssen Sie die Vertriebsrechte für diese Marke vom Markeneigentümer erwerben. Danach werden nur noch Artikel dieser Marke in diesem Geschäft erhältlich sein. Wenn Sie nicht gerade eine große Marke vertreiben oder eine große Anzahl von SKUs haben, würde ich nicht empfehlen, diesen Weg zu gehen, wenn Sie auf der Plattform neu anfangen.

Eine andere Art von Geschäft ist das *Mehrmarkengeschäft*, in dem Sie – Sie ahnen es – mehrere Marken verkaufen können. Diese Läden werden in der Regel von Supermärkten wie Costco, Kroger oder Aldi eröffnet. Das bedeutet auch, dass Sie die Erlaubnis haben müssen, alle diese Marken in Ihrem Geschäft zu verkaufen. Zum Zeitpunkt des Verfassens dieses Artikels ist es jedoch ziemlich schwierig, diese Läden zu eröffnen, und es ist eine Einladung der Plattform erforderlich, um einen solchen Laden zu eröffnen. Ein üblicher Multimarkenladen, den das Tmall-Food-Team bereits eröffnet hat, ist ein Multimarkenladen, der von einer bestimmten Regierung eröffnet wurde, wie z. B. der Italienische Pavillon oder der Malaysische Pavillon.

Eine Alternative für kleinere Marken besteht darin, sich statt der Eröffnung eines Flagship-Stores auch einem bestehenden Mehrmarkengeschäft anzuschließen. Dies ist eine Markteintrittsstrategie, die schon seit einiger Zeit angewandt wird. Gegen eine geringe Eintragungsgebühr, die an den Eigentümer des Mehrmarkengeschäfts gezahlt wird, kann eine einzelne Marke ein bestehendes Geschäft nutzen, um sich den chinesischen Markt zu erschließen.

Dann gibt es *Händler* und *Fachgeschäfte*, die eine Vielzahl von Marken führen können, aber dieselben Genehmigungsstufen von der Marke verlangen.

Auch prominente Persönlichkeiten sind daran interessiert, etwas zu eröffnen, das ihren Namen trägt. Kim Kardashian hat z. B. ihren Tmall Global Store eröffnet, um ihr Parfüm zu verkaufen.

Taobao-Screenshot von Kim Kardashians Flagship-Store

Auch Billie Eilish hat etwas Ähnliches getan, um ihr neues Album und ihre Bekleidungslinie zu bewerben. Die Plattform ist auch sehr daran interessiert, diese Art von Prominenten-Shops zu haben, weil sie so viel Traffic generieren können.

Taobao-Screenshot von Billie Eilishs Flagship-Store

Verschiedene Modelle

Neben der Eröffnung eines eigenständigen Geschäfts gibt es jedoch auch andere Möglichkeiten, mit der Plattform zu arbeiten. Der häufigste Weg ist die direkte Eröffnung eines Flagship-Stores auf der Plattform. Aber es gibt auch andere Möglichkeiten, auf der Plattform zu existieren.

Tmall Classic vs. Tmall Global: Wenn Sie eine ausländische Marke sind, ist es möglich, auf der Plattform als Tmall-Classic-Shop zu existieren, wenn Sie die Marke bereits in das Land importiert haben, oder als Tmall Global, wenn Sie die Marke nicht offiziell in das Land importiert haben. Bei Tmall Global können die Produkte in einem Zolllager entweder im Land oder in China gelagert werden.

Tmall Direct Import: Manchmal wird das Einkaufsteam von Tmall Global versuchen, Produkte direkt zu kaufen, weil es das Potenzial des Produkts sieht. Tmall Direct Import, kurz TDI, ermöglicht es der Marke, TDI als Distributor zu nutzen, wenn sie nach China geht.

Tmall Overseas Fulfillment: ein Programm, bei dem sich das Produkt noch in Übersee befindet. Dieser Service ähnelt ShipBob, Floship oder Locad, bei dem das Produkt vorübergehend in ein von Cainiao kontrolliertes Lager gebracht wird. Wenn der chinesische Verbraucher eine Bestellung aufgibt, versendet die Marke den Artikel.

Tmall Supermarket: Es handelt sich um ein Direktkaufmodell, bei dem die Plattform die Waren direkt mit einem Rabatt aufkauft und das Produkt im Tmall Supermarket-Shop platziert.

Hema: Das ist ein weiteres beliebtes Direktkaufmodell. Hema ist ein stationärer Supermarkt in China, der hauptsächlich in Stufe-1- und Stufe-2-Städten zu finden ist. Er ist der Inbegriff des neuen Einzelhandels in China, ein Begriff, den Jack 2016 geprägt hatte, als Omnichannel in China in Schwung kam. Er behauptet, innerhalb von 30 min in jedes Geschäft im Umkreis von 3 km zu liefern.

Jenseits von CPG-Produkten

Tmall hat sich heute auch über den reinen Verkauf kleiner physischer Waren hinaus entwickelt. Da der größte Teil des Online-Verkehrs auf Tmall stattfindet, sehen Marken diese Plattform auch als Werbekanal. Nehmen wir als Beispiel Luxusartikel, die man aufgrund ihres hohen Preises lieber in einem Offline-Geschäft kaufen würde. Während der Covid-Pandemie im Januar 2020 eröffnete Cartier jedoch seinen Flagship-Store und verzeichnete einen enormen Erfolg bei der Anzahl der Besucher, die ihre Artikel durchstöberten. Heute sind sie unter den Top 10 für Schmuck auf der Plattform, obwohl sie einen sehr hohen Produktverkaufspreis haben.

Auch Restaurants haben die Plattform genutzt, um neue Kunden zu gewinnen oder die Beziehung zu ihren Offline-Kunden zu pflegen. Wie im Kapitel „Neuer Einzelhandel" in Kap. 3 näher erläutert, verkaufen Restaurants auf Tmall Gutscheine und Mitgliedskarten, die ein Nutzer sammeln und dann in einem Offline-Lokal einlösen kann.

Auch Hotels und andere Erlebnisanbieter haben auf Tmall ein Geschäft eröffnet, um Reisen zu extravaganten Zielen zu verkaufen.

Autofirmen wie Tesla, Xpeng und Volvo haben alle ein Geschäft eröffnet. Als ich bei Tmall Global war, haben wir während einer Double-11-Werbeaktion auch eine Yacht verkauft, die Millionen RMB gekostet hat. Kürzlich hat Tmall auch eine Abteilung eröffnet, die sich um den Hauskaufwahn auf dem chinesischen Markt kümmert. Ich habe einmal gesehen, dass eine Insel als Artikel angeboten wurde!

Die Unterschiede zwischen Ost und West

Da Amazon, ein weiterer globaler E-Commerce-Anbieter, bestrebt ist, seine Präsenz auszuweiten, fragen sich die Menschen oft, was die Ähnlichkeiten zwischen den beiden Plattformen sind. Ich möchte fünf Hauptunterschiede hervorheben.

Inhalte
Der erste große Unterschied ist die Menge der Inhalte auf Tmall im Vergleich zu Amazon. Während Amazon möchte, dass der Verbraucher sein Produkt schnell und effizient findet, fast so, als würde er eine Besorgung machen, strebt Tmall an, dass der Kunde so lange wie möglich in der App bleibt. Der Trick bei der Sache ist also die Erweiterung der Inhaltskanäle.

Ich möchte diesen Unterschied detaillierter darstellen. Taobao hat vier Inhaltsströme:

1. **Nutzergenerierte Inhalte:** Jeder Nutzer wird dazu ermutigt, nach der Lieferung des Produkts eine Bewertung abzugeben. Im Gegenzug können die Nutzer Taobao-Punkte erhalten, die dann für weitere Rabatte genutzt werden können. Ein Großteil der Bewertungen wird nun mit Videoinhalten statt einfachem Text erstellt, was das Engagement auf der App bereichert.
2. **KOL-generierte Inhalte:** Da die Plattform mit einer Reihe von KOLs (Key Opinion Leader) zusammenarbeitet, die auch Traffic auf die Plattform bringen, haben diese auch ihre eigenen Seiten, um Inhalte zu aktualisieren.
3. **Markengenerierte Inhalte:** Die Marken haben Markenseiten, auf denen sie ihre eigenen Inhalte aktualisieren können. Auf den Geschäftsseiten können sie auch Informationen über ihre Markengeschichte oder Produkte aktualisieren.
4. **Von der Plattform generierte Inhalte:** Da es verschiedene Werbeveranstaltungen oder Kampagnen gibt, generiert die Plattform auch eine beträchtliche Menge an Inhalten für ihre Nutzer.

Fokus auf Marken statt auf Produkte

Während Amazon sich auf die SKU-Ebene konzentriert und dem Kunden den besten Preis anbietet, konzentriert sich Tmall auf die Marke und darauf, die richtige Marke an den Kunden zu bringen. Da die Haupteinnahmequelle von Tmall die Werbung seiner Händler und Marken ist, liegt es im Interesse von Tmall, dass die Verbraucher bei so vielen Marken wie möglich kaufen. Daher ist es auch im Interesse von Tmall, den Verbrauchern verschiedene Marken zu zeigen, von denen es glaubt, dass sie ihnen gefallen würden. Den Verbrauchern werden also viele verschiedene Marken im Stream „Wir glauben, das wird Ihnen gefallen" angezeigt. Weitere Erklärungen hierzu finden Sie weiter unten.

Der Schwerpunkt liegt darauf, nur die Plattform zu sein

Während Amazons Ziel offenbar darin besteht, ein One-Stop-Shop für die Marke zu sein, z. B. für Logistik, Bestandsmanagement und Ladenfront, ist Tmall hauptsächlich daran interessiert, nur die Plattform zu sein, die es der Marke ermöglicht, ihre eigene Infrastruktur aufzubauen. Das Äquivalent zu Amazon ähnelt eher dem, was JD.com tut. Obwohl es ein Geschäftsmodell gibt, bei dem Tmall den Einkauf, die Lagerung und die Verwaltung der Waren übernimmt, handelt es sich eher um ein Direktkaufmodell, bei dem die Marken nicht mehr direkt mit den Verbrauchern in Kontakt stehen. Die Marke hat in diesem Fall auch keinen Zugriff auf die Daten ihrer Nutzer. Marken können sich z. B. dafür entscheiden, direkt an Tmall Supermarket zu verkaufen. Tmall Supermarket gibt jedoch keine zusätzlichen Daten an die Marke weiter, die Aufschluss darüber geben, welche Art von Verbraucher an der Marke interessiert ist. Stattdessen will Tmall vor allem als Bindeglied fungieren, um einen interessierten Käufer mit einer Marke zu verbinden.

Ko-Wettbewerb

Als ich bei Alibaba anfing, fanden es einige westliche Kollegen absurd, dass wir konkurrierende Einzelhändler in die Plattform einbinden wollten. In den USA z. B. soll die E-Commerce-Website eines Einzelhändlers unabhängig von den Plattformen funktionieren. In Asien und China sind jedoch häufig E-Commerce-Websites von Supermärkten oder sogar Websites wie Sephora in eine Plattform integriert.

Personalisierung

Dies ist kein Alleinstellungsmerkmal von Tmall. Was Tmall jedoch tut, treibt es auf die Spitze. 猜你喜欢 cāi nǐ xǐ huān, auch bekannt als die Empfehlungsrubrik bei Amazon, wird auch mit „Wir denken, dass Ihnen das gefallen wird" übersetzt. Der Stream befindet sich direkt unter allen festen Produktteilen der App.

Der vielleicht wichtigste Erfolgsfaktor von Taobao ist der Algorithmus, der unter der Oberfläche läuft. Viele Ingenieure haben versucht, die Grundlagen und die Logik des Algorithmus zu erraten, aber nur wenigen ist es gelungen, die Logik vollständig zu entschlüsseln. Im Kern geht es um Folgendes. Nachdem sich ein neuer Nutzer angemeldet und eine Telefonnummer hinzugefügt hat, kennt die App bereits einige grundlegende Informationen über den Nutzer: seinen Standort und vielleicht einige Daten wie z. B. sein Einkommen aus der Integration mit Alipay. Als Nächstes wird jeder Klick des Nutzers, „Produkt speichern", Favorit, „In den Warenkorb", Kauf, Wiederkauf oder Rückgabe, von der Plattform aufgezeichnet. Auf der Grundlage dieser Informationen wird die App dann bestimmte Produkte, die der Nutzer gespeichert hat oder die ihm gefallen haben, erneut anzeigen. So gibt es ein Konzept namens 千人前面 qiān rén qián miàn, was so viel bedeutet wie „Tausend Gesichter für tausend Menschen". Mit „Gesicht" ist gemeint, wie die App angezeigt wird. Weil du und ich auf all diese Dinge unterschiedlich reagieren, werden unsere Webseiten völlig unterschiedlich sein, beide Seiten sind nur auf uns zugeschnitten.

Im Jahr 2019 wurde ein weiteres Konzept eingeführt, das 万人万面 wàn rén wàn miàn oder „Zehntausend Gesichter für zehntausend Menschen". Dazu kommen noch andere Faktoren wie Ort und Zeit. Wenn Sie z. B. bei der Arbeit sind und sich den P&G-Laden ansehen, sind dort vielleicht ein paar Büro-Snacks ausgestellt. Wenn Sie zu Hause sind, werden vielleicht Shampoo-Produkte angeboten. Diese winzige Unterscheidung führt letztlich zu einer feiner abgestimmten Anzeige von Produkten, die die Personalisierung für den Benutzer noch verstärkt.

Flagship 2.0, eine Funktion, die in den letzten Jahren eingeführt wurde, bedeutet, dass sich das Aussehen eines Geschäfts von Tag zu Nacht oder je nach Aufenthaltsort der Person ändert. Wenn man sich beispielsweise morgens eine Kosmetikmarke ansieht, wird dort vielleicht Make-up ausgestellt, weil der Nutzer morgens mehr Bedarf an Make-up hat. Abends wird das Geschäft vielleicht Gesichtsmasken ausstellen, da dies normalerweise ein Artikel ist, den die Leute vor dem Schlafengehen benutzen. Oder eine Schaufensterfront kann sich an die Besucher des Geschäfts anpassen. Um auf das Beispiel von P&G zurückzukommen: Wenn ich mir das Geschäft ansehe, werden vielleicht die meistverkauften Produkte für Frauen angezeigt. Wenn mein Mann denselben Laden besuchen würde, würde er vielleicht die meistverkauften Männerprodukte sehen.

Der springende Punkt bei der kontinuierlichen Perfektionierung dieses Algorithmus ist, dass jeder immer eine personalisierte Version der App sieht, die speziell auf die Bedürfnisse dieser Person zugeschnitten ist, anstatt allen Nutzern ein Standardprodukt anzubieten. Dies wird sich auch während einer Kampagne fortsetzen, in der alle Produkte angezeigt werden, von denen die Plattform annimmt, dass sie für mich von Interesse sind. Nehmen Sie z. B. diesen Screenshot. Alle hier angezeigten Produkte waren Produkte, nach denen ich zuvor gesucht hatte.

Screenshot von Taobao während der Kampagne 99

Das bedeutet, dass jede Kampagne, die angezeigt wird, Produkte enthält, die für mich relevant sind. Das führt zu einer enormen Steigerung der Konversionsrate im Vergleich zur Anzeige der gleichen Produkte für alle auf der Plattform.

Ein anderes Ökosystem

Facebook, Instagram, Twitter. Als ich nach China umzog, legte ich diese Apps in einem speziellen Ordner auf meinem Smartphone ab, der „For Future Use" hieß. Im Jahr 2009, als China seine eigenen Apps entwickeln wollte, wurde die Nutzung dieser westlichen Kommunikations-Apps eingeschränkt. Im Jahr 2010 beschloss Google, China zu verlassen. Dies war die erste Zäsur für die Entwicklung und den Aufschwung einheimischer Apps. Bevor ich auf die wichtigsten Apps für den E-Commerce eingehe, muss ich jede dieser wichtigen Apps in der Reihenfolge von der größten bis zur geringsten Verbreitung vorstellen.

Im Westen gibt es die FAANG-Unternehmen. (Ich schätze, es heißt jetzt MAANG, da Facebook sich komplett in die Meta-Welt gestürzt hat.) In China gibt es BAT: Baidu, Alibaba, Tencent, wobei ByteDance, Xiaomi und Unternehmen wie Meituan an Bedeutung gewinnen.

Indem ich jede wichtige App einzeln vorstelle, hoffe ich, den Lesern die Unterschiede in UX und UI der Lieblingsapps der Verbraucher zu zeigen. Es ist auch gut, die Art des Online-Nutzerverhaltens zu beachten, wenn Sie damit beginnen, die Art und Weise zu entwerfen, wie Sie den chinesischen Verbrauchern gegenübertreten möchten. Dies ist auch eine grundlegende Lektion für alle Marken und Unternehmen bei ihrer Markteintrittsstrategie für China. Dieses Ökosystem ist es, das das chinesische Internet so anders macht als das westliche und es für eine Marke schwierig macht, in China sofort zu florieren.

Soziale Apps

Die nächsten Apps sind von zentraler Bedeutung für das chinesische App-Ökosystem. Ähnlich wie Instagram, Twitter und Tik Toks sind diese Apps die wichtigsten Traffic-Quellen und damit Kanäle für Werbung für Marken.

WeChat

Vielleicht wurde viel in Büchern und Online-Artikeln über WeChat und seine Muttergesellschaft, Tencent, geschrieben. Nur wenige waren in der Lage, den Lesern die Bedeutung von WeChat zu erklären. Werbung auf WeChat ist aufgrund seiner Omnipräsenz auf chinesischen Smartphones von zentraler Bedeutung. Um Ihnen zu zeigen, wie eine Marke hier werben würde, muss ich Sie wahrscheinlich durch die App führen.

Wechat-Screenshot der Nielsen Norman Group mit der Anzeige von Mini-Programmen
https://www.nngroup.com/articles/wechat-mini-programs/

Es gibt verschiedene Chat-Gruppen, z. B. eine für Kollegen, eine für zwangloses Chatten mit Freunden und eine für den Hauskauf. WeChat ist ein interessantes Tool, weil es die formelle Arbeitswelt und die Freizeitwelt miteinander verbindet und zwei Sphären zu einer vereint. Wenn man auf dem Handy eines Chinesen die App „Screen Time" öffnet, wird wahrscheinlich als erstes WeChat angezeigt. Aus diesem Grund sind Marken in der Werbung hier sehr attraktiv.

WeChat verfügt über eine Freundeskreisfunktion, die der Entdeckungsseite auf der Facebook-Startseite ähnelt und es den Nutzern ermöglicht, die neuesten Beiträge der mit ihnen befreundeten Personen zu sehen. Das Gefühl der Nutzer hier ist ein Zustand des Entdeckens, während sie mit einer gewissen Neugier und Nonchalance durchblättern. Die Werbung wird hier auch als Post maskiert erscheinen, um dem Nutzer ein nahtloses Erlebnis zu bieten. Es scheint fast so, als wäre die Marke nur einer der „Freunde" des Nutzers.

Miniprogramme sind eine besonders wichtige Funktion in WeChat, die dem Nutzer einen nahtlosen Übergang von der privaten Sphäre der Nachrichtenübermittlung zur öffentlichen Sphäre des World Wide Web ermöglicht. In dem oben gezeigten Pulldown-Menü sind die kreisförmigen Symbole die Miniprogramme anderer Marken, die wiederum wie eine Website funktionieren. Auf diese Weise „googelt" China im Wesentlichen, denn diese WeChat-Suchleiste wird fast zu einem Suchwerkzeug.

Ich war an einem Septembernachmittag in Boston im Jahr 2021 in einem Sweetgreen. Es war gerade Mittagszeit, und die Studenten der umliegenden Fakultäten des MIT strömten zum Mittagessen herein. Die Schlange wurde länger und länger, und gleichzeitig nahmen die Essensbestellungen zu. Ich sah ein Schild, auf dem stand, dass man sich die Sweetgreen-App herunterladen kann, um nicht in der Schlange zu stehen und zu warten. Also suchte ich im App-Store und begann den Download. Allerdings war die App so umfangreich, dass ich, noch bevor sie fertig heruntergeladen war, bereits an der Reihe war.

Wenn ich in China einen KFC oder McDonalds betreten würde, sähe die Sache vielleicht ein wenig anders aus. Normalerweise gibt es an der Theke QR-Codes zu scannen, die den Nutzer sofort zum Miniprogramm der Marke weiterleiten. Ein Miniprogramm ist in WeChat eingebettet und kann über ein Pull-Down-Menü aufgerufen werden. Ohne eine zusätzliche App herunterladen zu müssen, kann sich der Nutzer in einem Miniprogramm wie auf einer Website bewegen. Es ist jedoch für eine mobile Nutzung optimiert. Marken, vor allem große Unternehmen oder solche mit vielen Standorten, werden sich für ein Miniprogramm entscheiden, weil es genügend treue Kunden gibt, die aktiv nach dieser Marke suchen.

Little Red Book

Startseite des Kleinen Roten Buches

Der nächste bemerkenswerte Akteur ist Little Red Book (LRB), eine App, die eine Mischung aus Instagram und Tik Tok ist, mit einer starken Nutzerbasis von Frauen, die nach 1990 geboren wurden. Die App wird durch die große Menge an nutzergenerierten Inhalten ihrer Nutzer angetrieben. In den Anfängen gab es eine Person namens 薯队长 shǔ duì zhǎng, den Kurator für die Inhalte der App. Er fungierte wie ein Community-Kurator oder ein Inhaltsmoderator, wenn man so will. Sie schrieb Artikel und kommentierte die Beiträge anderer, und sie ermöglichte offene Gruppen, die schließlich zu einem festen Zusammenhalt und einem Gemeinschaftsgefühl in der App führten.

Wenn Sie eine Marke oder ein Unternehmen sind, das die weibliche Zielgruppe in China ansprechen will, empfehle ich Ihnen dringend, sich Little Red Book anzusehen. Ich möchte hier auch einen umgangssprachlichen Begriff einführen, nämlich 白富美 bái fù měi, was „weiß, reich und schön" bedeutet. Im Gegensatz zu dem, was im Westen gesellschaftlich als „schön" gilt – nämlich gebräunt zu sein –, ist „weiß sein" ein großer Pluspunkt für weibliche Verbraucher. Dieser Begriff wird also verwendet, um eine Gruppe von Frauen zu beschreiben, deren Ambitionen es sind, diese drei Adjektive zu erreichen. So bedauerlich es auch sein mag, die Marken werden diese Art von Influencern ins Visier nehmen, weil sie derzeit den Schönheitsstandard in China definieren. Aber auch das ändert sich schnell, da die Generation Z in China beginnt, die Schönheitsstandards neu zu definieren und sich mehr Nischen zu schaffen. In Kap. 4 können Sie die Fallstudie von Perfect Diary zu diesem Thema lesen.

Ich würde sagen, dass Little Red Book einer der wichtigsten Marketingkanäle für Marken ist, die in China noch keinen Markennamen haben. Durch den Einsatz mehrerer KOLs in der App kann eine unbekannte Marke durch Assoziation sehr schnell ein breites Publikum erreichen und das „Gefühl" der Marke auf der Grundlage der ausgewählten KOLs vermitteln. Durch die Platzierung einer Suchleiste in der App kann eine Marke die Betrachter zum Tmall-Flagship-Store leiten, um den Kauf abzuschließen.

Der Beitrag einer KOL auf LRB

Das nächste Foto ist die Originalseite dieser LRB-Benutzerin. Sie hat 7000 Follower. Ähnlich wie bei Instagram erhalten alle ihre Follower eine Benachrichtigung, sobald sie etwas veröffentlicht hat.

Die Homepage einer KOL auf LRB

Der Weg von der Entdeckung zum Kauf besteht darin, dass die meisten Marken Werbung schalten und dann einen Screenshot ihres Tmall-Shops machen, um den Nutzer aufzufordern, den entsprechenden Tmall-Shop aufzusuchen, um den Artikel zu finden. Wird dies zu einem Verlust an Besucherzahlen führen? Auf jeden Fall. Der Suchverkehr lässt sich auch nur schwer auf die Werbung auf LRB zurückführen. Aber es gibt ein Walled-Garden-Phänomen bei den Apps in China, über das Sie später in diesem Kapitel lesen werden, das es Tmall nicht erlaubt, seinen Shop-Link direkt in einen Beitrag einzufügen.

Nun könnte man sich fragen, warum LRB kein eigenes E-Commerce-System entwickelt, wenn das Unternehmen zwar die meisten Nutzer hat, diese aber immer noch zu Taobao weiterleitet? Nun, ähnlich wie bei Instagram Shopping, das vor ein paar Jahren eingeführt wurde, damit die Verbraucher bequemer Marken innerhalb der App entdecken und direkt in der App einkaufen können, ist es definitiv nicht überraschend, dass LRB auch eine eigene E-Commerce-Plattform hat, wenn auch nicht so weit entwickelt wie die von Tmall. Tatsächlich werden Sie später feststellen, dass alle inhaltslastigen Apps in China irgendwann über die Monetarisierung in Form von E-Commerce nachdenken werden.

Douyin

Andy Lau's Profilseite auf Douyin

TikTok hat derzeit weltweit mehr als 2 Milliarden Downloads und hat vor Kurzem YouTube im Rang überholt. Seine Muttermarke, Douyin, ist das Äquivalent in China, das im Westen praktisch unbekannt ist. Ursprünglich war die App dafür gedacht, dass Nutzer lippensynchrone Videos hochladen können, ähnlich den Funktionen von Musical.ly. Das Mutterunternehmen ByteDance kaufte Musical.ly später für 1 Milliarde USD und fusionierte es mit Douyin. Als Douyin die Livestream-Funktion für sein chinesisches Publikum öffnete, begannen kurze Videos von Moderator-KOLs im Internet zu kursieren, was zum wachsenden Erfolg von Douyin in China beitrug. Heute ist Douyin die meistbesuchte Plattform für kurze Unterhaltungsvideos.

In letzter Zeit ist Douyin immer mehr daran interessiert, seine Prominenten-Seiten auszubauen, um mehr Nutzer in die App zu locken. Das Bild oben zeigt die Fanpage von Andy Lau. Als seine Seite in der App eröffnet wurde, drehte er Dutzende von kürzeren, mundgerechten Videos, um dann ein Livestream-Interview zu starten. Es gab eine Rekordzahl von Zuschauern, die sich auf diesem Kanal für seinen Livestream einschalteten.

Der vielleicht größte Segen für Douyin und sein Aufstieg zur Allgegenwärtigkeit war während der Covid-Pandemie, als alle zu Hause festsaßen. Während des chinesischen Neujahrsfestes 2020, als die Verbraucher ihre Häuser nicht verlassen konnten, schloss ein Film, der in den Kinos gezeigt werden sollte, einen Deal mit Douyin ab, um in dieser App ausgestrahlt zu werden, was diese App als Unterhaltungsquelle während dieser Zeit wirklich zementierte.

In den letzten zwei Jahren hat Douyin versucht, seine E-Commerce-Präsenz auszubauen. Es ist nur natürlich, dass der nächste Schritt darin besteht, diesen Traffic im Format einer E-Commerce-Plattform zu monetarisieren, wenn man erst einmal genug Traffic angehäuft hat. Bislang hat Douyin ähnliche Veranstaltungen wie Super Brand Days und Aktionstage eingeführt, die sich von den festen Kalendertagen von Tmall unterscheiden.

Kuaishou
Kuai ist ein direkter Konkurrent von Douyin. Kuai, das ebenfalls am Aufbau seiner E-Commerce-Abteilung arbeitet, ist in den Stufe-3- bis Stufe-7-Städten beliebter. Die Städte werden in China nach wirtschaftlicher Entwicklung und Bevölkerungszahl eingeteilt. Eine genauere Erläuterung dazu finden Sie in Kap. 2. Die bekanntesten Städte wie Shanghai, Peking und Shenzhen sind Stufe-1-Städte. Stufe-3-Städte sind einfach kleinere

Städte und erstrecken sich bis ins Umland. Viele Videos auf Kuai sind in Bezug auf die Umgebung eher ländlich geprägt. Livestreams spiegeln eine ähnliche Umgebung wider. Auch wenn dies für moderne Verbraucher visuell befremdlich sein mag, leben in China immer noch etwa 50 % der Bevölkerung in ländlichen Gebieten, was bedeutet, dass dies immer noch eine große Bevölkerungsgruppe ist, die diese App erfassen möchte.

Screenshot des Profils eines Benutzers auf Kuaishou

Bilibili

Eine weitere bemerkenswerte Inhalts-App speziell für die Generation Z ist Bilibili. Dies ist vielleicht die App, die YouTube am ähnlichsten ist, mit

Content Creators, die jeweils ihren eigenen Stil zeigen, um ihr Nischenpublikum anzuziehen. Mit rund 50 Millionen Nutzern, von denen 75 % unter 24 Jahre alt sind, hat Bilibili vor allem mit Anime oder 二次元 Èr cìyuán auf Chinesisch begonnen. Diese Verbrauchergruppe ist sehr an animierten Bildern und Dingen interessiert, die ziemlich *kawaii* oder niedlich sind, ein Phänomen, das vor allem bei asiatischen Verbrauchern auftritt, aber auch im Westen schnell wächst.

Screenshot der Hauptseite von drei Bilibili-Benutzern

Ein wichtiger Punkt ist die Art und Weise, wie diese Videos angesehen werden, die sich stark von der westlichen Welt unterscheidet. Chinesische Verbraucher öffnen gerne etwas namens 弹幕 dàn mù oder Kommentare von anderen Nutzern. Die größte Ähnlichkeit sehe ich hier mit Soundcloud, wo die Nutzer an einer bestimmten Stelle des Liedes anhalten und Kommentare schreiben können, die andere Nutzer dann sehen können. Stellen Sie sich vor, Sie schauen Squid Game auf Netflix und über den Bildschirm fliegen ständig Kommentare von anderen Nutzern. Worauf würden sich Ihre Augen überhaupt konzentrieren? Unten sehen Sie ein Foto als Beispiel, bei dem die Wörter in Weiß Kommentare sind, die von anderen Nutzern hinterlassen werden.

Screenshot eines Bilibili-Videos mit Danmu

Ich muss gestehen, dass ich anfangs nicht an diese Art des Konsums von Inhalten gewöhnt war. Aber jetzt, wo ich diese Funktion eingeschaltet habe, fällt es mir schwer, sie wieder abzuschalten. Mir ist aufgefallen, dass die fliegenden Kommentare die Sendung tatsächlich enorm bereichern. Wenn es ursprünglich Handlungsstränge oder zweideutige Szenen gab, beginnen die Kommentare als Leitfaden zu dienen. Das ist auch so ähnlich, als würde man zwei Gedankengänge gleichzeitig verfolgen und erfordert ein kleines bisschen Multitasking. Die Hauptshow ist das Video, das ich mir anschaue, aber im Hintergrund ist es interessant, die Gedankengänge der anderen Tausenden von Zuschauern zu verfolgen. Es ist ein seltsames Gefühl der Zusammengehörigkeit, das es bei Netflix oder YouTube nicht gibt.

Zhihu
Das Äquivalent zu Quora heißt in China Zhihu, ein Frage- und Antwortsystem, das bis Ende 2018 bis zu 220 Millionen Nutzer angehäuft hat. Aufgrund der Widerspenstigkeit der Website haben viele Marken inzwischen Wege gefunden, in der App zu werben, wie z. B. auf der folgenden Seite.

Wie bei den meisten sozialen Netzwerken war die Registrierung der Nutzer anfangs nur auf Einladung möglich. Mit dieser Strategie sollte eine hohe Qualität der Fragen gewährleistet werden, und es sollten professionelle Fragen und Antworten angeboten werden.

Bildschirmfoto von Zhihu

Also gut! Haben wir Sie schon genug verwirrt mit den verschiedenen Arten von Apps, die ein Verbraucher täglich nutzt? Wichtig ist hier nur, dass Sie die verschiedenen Marketingkanäle kennen, die Ihrer Marke zur Verfügung stehen. Sie werden diese Apps in Kap. 2 wiederfinden, wenn wir über das AIPL-Modell (Awareness, Interest, Purchase und Loyalty) sprechen. Nun zu den Apps, die mehr mit Marken zu tun haben.

Pinduoduo

Hauptseite von Pinduoduo

Eine bemerkenswerte E-Commerce-App ist Pinduoduo, die 2015 von Ex-Googler Colin Huang gegründet wurde. Pinduoduo nutzt Social Commerce als Hauptunterscheidungsmerkmal und konnte seine Nutzer dazu bringen, ihre Bestellung an Freunde in den sozialen Medien zu senden. Wenn sich andere Nutzer dem Kauf anschließen, sinkt der Preis für den Artikel. Diese Funktion ermöglichte es den Nutzern, ihre Einkäufe zu verbreiten und andere Nutzer einzuladen, der Plattform zu einem sehr niedrigen Preis beizutreten, was den Weg für die große Zahl der heutigen Nutzer ebnete.

PDD wird hauptsächlich an Verbraucher in Städten der Stufen 3 bis 7 vermarktet und spricht damit ein anderes Segment an als Taobao, das eher von Verbrauchern in Städten der Stufen 1 und 2 genutzt wird. In letzter Zeit hat sich auch das Branding geändert, mit einem Fokus auf Agrarprodukten, bei dem die Verbindung zwischen Landwirten und Verbrauchern im Vordergrund steht, sowie einem größeren C2M-Vorstoß, bei dem die Verbraucher direkten Zugang zu den Herstellern haben.

Die Händlerbasis von Pinduoduo ist innerhalb von 6 Jahren nach seiner Gründung auf 8,6 Millionen aktive Händler angewachsen. Obwohl es sich um einen schnell wachsenden E-Commerce-Kanal in China handelt, ist der Gesamtmarktanteil noch relativ klein. Weil die Produkte auch überwiegend recht preiswert sind, halten sich die meisten globalen Marken von der Eröffnung von Flagship-Stores auf dieser Plattform fern. Da jedoch die Zahl der täglich aktiven Nutzer der App zunimmt, ist es nicht ausgeschlossen, dass sich immer mehr Marken der Plattform anschließen werden.

JD.com

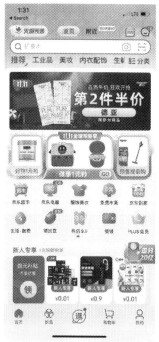

Startseite von JD

Ein letzter Akteur ist JD.com, der seinen Ruhm der schnellen Lieferung und der eigenen Logistik verdankt. JD.com ist nach Taobao der zweitgrößte Marktteilnehmer, unterscheidet sich aber auch hier von Taobao durch seine Stärke in den Produktkategorien. Während Tmall sich eher in der Modewelt auskennt, hat sich JD.com vor allem durch den Verkauf von Elektronik, Smartphones und Computern einen Namen gemacht. Ein großer Teil des Umsatzes stammt aus dem JD.com-Direktkauf, bei dem die Plattform das Produkt direkt vom Verbraucher kauft und es in ihrem Lager bereitstellt. Daher ist JD.com für seine schnelle Lieferung bekannt, im Gegensatz zu Tmall, wo die meisten Marken ihre eigene Logistik betreiben. Die Plattform hat dann weniger Kontrolle über die Lieferzeiten. Es ist in China allgemein bekannt, bei JD.com zu bestellen, wenn ein Nutzer etwas schnell geliefert haben möchte.

Die Auswahl der richtigen E-Commerce-Plattform

Nachdem Sie nun die verschiedenen Plattformen für die Eröffnung von Geschäften kennengelernt haben, stellt sich die Frage, welche Plattform Sie wählen sollten. Sie werden sich jetzt vielleicht fragen, warum Sie nicht alle Plattformen wählen können, um mehrere Kanäle zu bedienen? Die Antwort ist: Es hängt von der Marke ab. Da Tmall mehr als 50 % des Marktanteils ausmacht und die meisten Besucher hat, wird sich mein Buch hauptsächlich auf diese Plattform konzentrieren. Andere Marken werden jedoch zunehmend mehr Plattformen wählen, um den Geschmack ihrer Kunden zu treffen. So ist beispielsweise 得物 Dé wù eine neue Plattform speziell für Streetwear. Nischenplattformen werden zwangsläufig entstehen und ein Stück des Kuchens abbekommen, ähnlich wie es in den USA neben Amazon mehrere Arten von Plattformen gibt.

Bezahl-Apps

Für E-Commerce-Apps ist es unmöglich, das Thema Bezahlung außen vor zu lassen. Und so machen die nächsten beiden Apps den Großteil dessen aus, was die Verbraucher heute nutzen. Im Gegensatz zum Westen, wo die meisten Transaktionen per Kreditkarte abgewickelt werden, werden E-Commerce-Transaktionen in China größtenteils entweder über Alipay oder WeChat Pay abgewickelt, je nachdem, ob man auf einer E-Commerce-Plattform von Alibaba oder einer von Tencent unterstützten Plattform einkauft.

Alipay

Screenshot der Startseite von Alipay

Während meiner Zeit bei Alibaba hatte ich auch das Glück, in der Zahlungsabteilung als Produktmanagerin zu arbeiten, um Chinesen im Ausland bei der Nutzung von Alipay außerhalb der chinesischen Grenzen zu helfen. Alipay ist die Superapp, deren Kernprodukt das Bezahlen ist. Man kann über die App aber auch ein Taxi bestellen, ein Fahrrad mieten oder in Aktien investieren.

Ursprünglich handelte es sich um einen Treuhandzahlungsdienst, der das Vertrauen zwischen Käufern und Verkäufern in der Taobao-App herstellen sollte. Bei der angeblich ersten Transaktion handelte es sich um den Verkauf einer Kamera, die von einem Universitätsstudenten angeboten wurde. Als sich ein Interessent für den Kauf der Kamera fand, stand der Verkäufer vor einem Problem. *Sollte zuerst das Geld überwiesen und dann die Ware verschickt werden oder sollte der Verkäufer zuerst die Ware verschicken und die Zahlung später erhalten, wenn es keine Probleme mit dem Produkt gab?* Denken Sie daran, dass dies in den frühen Tagen des Internets geschah, ganz zu schweigen vom E-Commerce! Damals wurde der E-Commerce vor allem mit Geldwäsche und Betrug in Verbindung gebracht. Und es handelte sich um eine Transaktion zwischen zwei Fremden, die sich noch nie getroffen hatten.

Die Lösung des Taobao-Teams war die Schaffung von Alipay, das als Zwischenhändler fungieren sollte. Das Geld wurde also zunächst an die Plattform überwiesen, die es sicher verwahrte, während die Ware ihren Weg zum Käufer fand. Nachdem der Käufer die Ware erhalten hatte und sich vergewissert hatte, dass das Produkt in Ordnung war, gab die Plattform die Zahlung an den Verkäufer frei.

Als Alipay Online-Zahlungen für Verbraucher einführte, entwickelte es sich von einem B2B-Händler-Tool zu einem B2C-Verbraucher-Tool. Mit dem Aufkommen des iPhones wurden mobile Zahlungen erst 2016 von Offline-Händlern in großem Umfang angenommen. Und als immer mehr Geschäfte begannen, diese Art von persönlicher Online-Geldbörse zu akzeptieren, begannen die Verbraucher, dieses Tool massenhaft zu nutzen.

Heute befindet sich diese historische Kamera im Gebäude 9 des Museums auf dem Xixi-Campus und erinnert an die bescheidenen Anfänge von Taobao.

Alipay und das Coronavirus
Ich sollte an dieser Stelle die Bedeutung von Alipay im Kampf gegen das Coronavirus in China erwähnen. Es mag schwer vorstellbar sein, aber da Alipay eng mit der Regierung zusammenarbeitete und die App allgegenwärtig war, bezogen sich die meisten Gebäude auf den Alipay-Gesundheitscode eines Bürgers. Dieses Team war maßgeblich an der Entwicklung einer Lösung beteiligt, die China dabei half, die Rate auf null zu senken.

Das funktioniert so, dass jeder einen Code hat, der entweder grün, gelb oder rot ist. Ein grüner Code bedeutete, dass man sich überall in der Stadt bewegen konnte. Ein gelber Code bedeutet, dass man bestimmte öffentliche Gebäude wie Krankenhäuser und Schulen nicht betreten darf. Wenn man einen roten Code hatte, wurde man vor den Gebäuden abgewiesen. Da der eigene Standort ständig von der App verfolgt wurde, wurde der Code gelb oder rot, wenn in der Nähe des GPS-Standorts ein positiver

Fall auftrat, da man damit auch das Risiko hatte, positiv zu sein. Während der Reise überprüft die Grenzpolizei der Provinz auch den Code und weist einen zurück, wenn der Code rot ist. Durch die Beschränkung des Zugangs von Personen, die keinen grünen Code aufweisen, konnte China die Ausbreitung von Corona eindämmen.

Alipay's Gesundheitscode Seite

WeChat Pay
WeChat Pay ist ein direkter Konkurrent für das Zahlungsprodukt von Alipay. Bis heute behaupten beide Geldbörsen, die Nummer eins in China zu sein, aber diese Zahlen sind ständig im Fluss. Ähnlich wie bei Alipay ist die Bezahlfunktion oder Geldbörse für WeChat-Nutzer nur ein weiterer Grund, die App täglich zu nutzen. Im Gegensatz zur Welt von Alipay und Taobao, in der beide Apps getrennt sind, sind die Messaging-App und die Bezahl-App von Tencent zusammen, wodurch die Nutzer viel länger in der App bleiben und auch die Verweildauer in der App viel länger ist als bei Taobao oder Alipay.

Wechat Pay's Wallet Seite

Die Mauern des Gartens durchbrechen

Sie haben dieses lustige YouTube-Video in Ihrer Messenger-App gesehen, nicht wahr? Etwas, das Ihre Freundin Ihnen geschickt hat, weil sie es lustig fand. Oder den Amazon-Link in Ihrem Telegramm, weil Ihr Freund dachte, es wäre ein schönes Geschenk für den bevorstehenden Geburtstag Ihrer Mitbewohnerin? Nun, in China war all das früher schwer zu machen.

Im Gegensatz zum Westen, wo es keine Beschränkungen dafür gibt, welche Apps miteinander kommunizieren können, ist die chinesische App-Umgebung eine, in der Abgeschiedenheit großgeschrieben wird. Da jede App von einem riesigen Technologiekonglomerat gehostet wird, das bei der Entwicklung von Super-Apps alle Branchen abdecken will, versucht jedes der großen Technologieunternehmen, seine Konkurrenten zu blockieren und zu verhindern, dass der Datenverkehr von der eigenen App zu einer anderen fließt. Wenn Sie z. B. einen Taobao-Link in Ihrem WeChat-Freundeskreis teilen möchten, wird WeChat den Link als nutzlos betrachten. Um dem entgegenzuwirken, hat Taobao eine Reihe von Codewörtern entwickelt, die der Nutzer kopieren und einfügen muss, um einen Link zu teilen. Oder wenn ein Nutzer ein Douyin-Video teilen wollte, das er oder sie amüsant fand, musste der Nutzer das gesamte Video herunterladen, um es zu vervollständigen, mit dem Wasserzeichen des Videos und einer durchsuchbaren ID in der rechten Ecke des Videos, und dieses Video dann in den WeChat-Kreis des Nutzers hochladen. Man stelle sich nur einmal vor, wie viel Zeit für so etwas benötigt wird! Sie ahnen es schon: Die Nutzer werden davon abgehalten, so etwas zu tun, und so werden Videos oder Inhalte aus anderen Apps nur selten in den chinesischen sozialen Medien geteilt. Wir können die Kette jedoch fortsetzen, denn die Dinge sind in beide Richtungen blockiert. Wenn Sie WeChat Pay als einzige Bezahl-App hatten, können Sie wahrscheinlich nichts auf Taobao kaufen, wo Sie stattdessen nur Alipay begrüßt.

Diese Blockade ähnelt der Art und Weise, wie die chinesische Regierung Facebook und Google blockiert hat, um ihr eigenes App-Angebot in ihrem Heimatland weiter auszubauen. Als dies geschah, ermöglichte es Baidu und Alibaba, lokal im eigenen Land zu wachsen. Ähnlich verhält es sich mit Super-Apps, die die Austauschbarkeit anderer Apps blockieren und so ihren eigenen Funktionspool erweitern. Douyin beispielsweise erlaubte zunächst die Einbettung von Taobao-Links in seine Video-App, begann dann aber, diese Funktion zu blockieren, als es seine eigene E-Commerce-Plattform aufbauen wollte. Als Taobao-Händler ihre regulären Mittel zur Bündelung des Verkehrs zu ihren Taobao-Shops nicht mehr nutzen konnten, konnten sie sich anpassen, indem sie stattdessen einfach einen Douyin-Shop eröffneten.

Dies wird sich jedoch ändern. Im Juli 2021 versprach die Regierung, die Interoperabilität zwischen Super-Apps im Interesse der Nutzer zu ermöglichen. „Die Gewährleistung eines normalen Zugangs zu legalen URLs ist die Grundvoraussetzung für die Entwicklung des Internets", sagte ein hoher Beamter des chinesischen Ministeriums für Industrie und Informationstechnologie (MIIT) auf der Pressekonferenz. Wer, glauben Sie, wird der größte Gewinner dieser Entscheidung sein? Das sollte man bedenken.

Nachdem Sie nun die Lage des Landes und die vielen Akteure kennen, werden wir als Nächstes tief in die Theorien und Grundlagen des E-Commerce eintauchen.

KAPITEL 2

Rahmenwerke und Konzepte

Das Goldene Dreieck des chinesischen E-Commerce

Der nächste Teil dieses Kapitels könnte ein wenig technisch und theoretisch werden, aber es ist wichtig, den zugrunde liegenden Rahmen kennenzulernen, der diese Plattform zum Ticken bringt. Bevor wir uns damit beschäftigen, wie man vermarktet und welche Art von Kunden man anspricht, muss ich zunächst das gesamte Konzept vorstellen, auf dem Tmall basiert.

Schauen Sie nur: das Goldene Dreieck (stellen Sie sich vor, dass es in überirdischem Glanz erstrahlt).

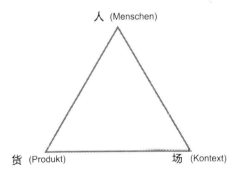

Im Chinesischen ist dies gemeinhin als die Grundlage des E-Commerce bekannt: 人货场 rén huò chǎng oder anders übersetzt „Menschen, Produkte, Kontext". Jede Marke wird ihr Geschäft auf der Grundlage dieses Rahmens analysieren. Lassen Sie uns in jede Ecke dieses Dreiecks eintauchen.

Menschen: Dies ist wahrscheinlich der wichtigste Aspekt des Dreiecks, da sich die anderen beiden Teile ändern werden, wenn sich der Teil „Menschen" ändert. Letztlich geht es darum, wer der Verbraucher ist, und alles andere an der Marke darauf abzustimmen. Ist der Zielverbraucher ein Mann oder eine Frau? Wie alt ist er und welchen Beruf übt er aus? In welcher Stadt wohnt der Zielverbraucher? All diese Faktoren fließen in die nächsten beiden Teile ein, d. h. in das genaue Produkt (zweite Ecke des Dreiecks), das verkauft werden soll, und in den Kontext (dritte Ecke des Dreiecks), in dem es verkauft werden soll.

Produkte: Eine Marke kann viele verschiedene Arten von Produkten anbieten. Diese variieren von Kategorien bis hin zur spezifischen Größe des Produkts oder beispielsweise der Verpackung eines Produkts, die die Marketingbotschaft enthält. Eine Lidschattenpalette beispielsweise, die auf zwei verschiedene Arten gebrandet ist, kann zwei verschiedene Preispunkte haben, was sich stark auf den Umsatz auswirkt. Eine Marke sollte sich überlegen, wie viele und welche SKU sie einführen möchte. Möchte sie sich auf ein einziges umsatzstarkes Produkt konzentrieren und damit eine neue Marke ins Leben rufen oder möchte sie eine Produktfamilie repräsentieren, die die Markengeschichte prägt?

Der Kontext: Der dritte Teil des Dreiecks ist vielleicht am verwirrendsten zu verstehen, da das chinesische Äquivalent nur sehr schwer mit einem einzigen englischen Wort zu übersetzen ist. (Sogar auf den offiziellen Folien von Tmall habe ich viele Variationen des Wortes gesehen). Kurz gesagt handelt es sich um den „Raum" (physisch oder virtuell), in dem das Produkt präsentiert wird. Dies hängt wiederum von den ersten beiden Punkten ab: Für wen das Produkt bestimmt ist und was das Produkt ist. In physischer Hinsicht geht es um die Frage, „wo" das Produkt platziert ist, in einem Geschäft, einem Einkaufszentrum, an den Schaltern in einem Supermarkt usw. Virtuell gesehen wird gefragt, *wo* innerhalb der App das Produkt platziert ist. (Bei Taobao gibt es beispielsweise Hunderte von Bannerflächen.) Oder sogar, in welcher App es erscheinen kann, ob in einer Supermarkt-App, einer Nischenkategorie-App oder etwas anderem.

Die Kombination dieser drei Faktoren bildet die Grundlage für eine Marke oder den Flagship-Store einer Marke in der App. Sie wirkt sich auch auf die Art des Marketings aus, das die Marke in der App oder außerhalb der App einsetzen wird. Für einen Markeninhaber ist es von entscheidender

Bedeutung, diese drei Hauptpfeiler zu definieren, bevor er zum nächsten Schritt übergeht, nämlich der Ausarbeitung der Markeneingangsstrategie. Doch zunächst wollen wir uns näher mit den Menschen beschäftigen.

Verbrauchermarkt – die acht Verbraucherprofile im chinesischen E-Commerce

Bevor wir uns mit den Verbraucherprofilen befassen, muss ich die Erläuterung der Profile mit Chinas Stufensystem (Tier-System) einleiten. Die Unterschiede zwischen den Städten der Stufen 1, 2 und 3 liegen hauptsächlich im Einkommen und im Pro-Kopf-BIP. Die Städte der Stufe 1 sind wohlhabender, während die Städte der Stufe 4 und höher als eher ländlich gelten. Wenn wir uns in China ins Landesinnere bewegen, werden wir auch sehen, dass sich die Topografie ändert: Größere Städte an der Küste haben hoch aufragende Wolkenkratzer, während Orte ab der Stufe 4 meist von Agrarland umgeben sind.

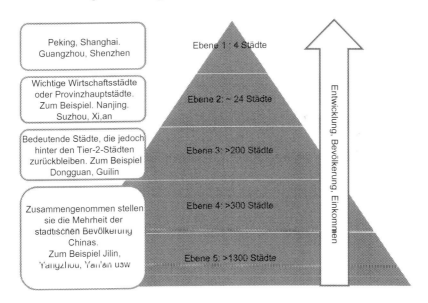

Im Jahr 2018 arbeitete Tmall mit Bain zusammen, um das zu entwickeln, was auf dem Markt als die acht Verbraucherprofile in China bekannt ist. Drei Faktoren wurden kombiniert: physischer Standort (aus welcher Art von Stadt die Verbraucher stammen), Alter und Konsumkraft. Die physischen Standorte reichen von Stufe-1- bis Stufe-7-Städten in China. Zum Beispiel werden Peking, Shanghai und Shenzhen als Stufe-1-Städte betrachtet. Dies sind auch die bekanntesten und größten Städte in China. Es gibt auch Stufe-2-Städte wie Dalian, Chengdu und Changsha. Das Alter wurde in der Regel von jungen Verbrauchern (über 18 Jahre) bis hin zu älteren Menschen unterschieden. Die Konsumfähigkeit wird dann in L1 bis L6 unterteilt, wobei L1 die niedrigste und L6 die höchste Konsumfähigkeit darstellt. Die Berufe werden manchmal in Arbeiter und Angestellte unterteilt. Würden wir alle drei Faktoren zusammenfassen, ergäbe sich die folgende Aufteilung der Rollen.

ROOKIE WHITE COLLARS	WEALTHY MIDDLE CLASS	SUPERMOMS	SMALL-TOWN YOUTH
Value convenience	Rational consumption	Imported infant formula	Fashion follower
Cat and dog lovers	High income	Pay premium for efficiency	Game Livestream
High pay & high consumption	Little Fairies Chase for quality life	Care Baby Yoga & Fitness	Value for the money
Driven for self-recompensement	Middle management position or above	Online mom and baby Community heavy users	Potential internet Users Short Videos
Invisible poverty	News follower Personal Taste	Care for herself	Leisured lower tier townies
Target of KOL grass seeding	Pay for wealth management and insurance	Cross-border consumption Backbone	Substantial time on online entertainment
Workaholics Natural &			Less mortgage pressure
Value Quality Health		Guardian of family health	Online karaoke
Obsession with look O2O adopters	Health and quality life		Born after 1990
Cross-border consumption			
GEN Z	**URBAN GRAY HAIRS**	**SMALL-TOWN MATURE CROWD**	**URBAN BLUE COLLARS**
Fashion Short videos	Tremendous Leisure time	Value for the money	Target of social network
Gamers	Short video	Use mobile and PC's equally to	Low Disposable Income
Spend>40% online Educational app	Value family and friendship	Surf the web	Livestream Live in suburbs
Born with the internet	Invisible Internet	Lots of leisure time	High living cost
Niche social network	Gold Mine News followers	Consumption follower	Blue collars Fashion follower
Social circle	Target of social Network-based promotion	Target of social Network based promotion	Value for the money
Homebody	Surf the Internet mainly by PC	Acquaintance network	Game Short videos
Anime lovers	Newly adopted online services		Long commuting time
Appearance economy	Like car hailing Value for the money	Internet Blue Ocean users	Mobile entertainment

Quelle: Bain's Analyse der acht Verbrauchergruppen von Tmall

Rookie White Collars sind jetzt 25–35 Jahre alt (oder die Generation der in den 1985er- oder 1990er-Jahren Geborenen) und leben in Städten der Stufen 1–3. Die meisten von ihnen sind Büroangestellte. Ihre Kaufkraft liegt bei L3 und darüber. Sie scheuen sich nicht, für ihre Bedürfnisse Geld auszugeben. Aufgrund ihres schnellen Lebensrhythmus sind sie bereit, Geld für Bequemlichkeit auszugeben. Laut Bain-Bericht verzeichnet diese Gruppe von 2016 bis 2018 ein jährliches Ausgabenwachstum von rund 20 %, was auf den Urbanisierungstrend in China zurückzuführen ist, bei dem immer mehr Menschen in die Großstädte ziehen, wo es bessere Arbeitsplätze gibt.

Die wohlhabende Mittelschicht ist 35–40 Jahre alt und in den 1970er- und 1980er-Jahren geboren. Meistens Beamte oder im mittleren oder oberen Management von Unternehmen; ihre Kaufkraft ist größer als die von L3. Ihr Konsumverhalten ist eng mit der Art der von ihnen bevorzugten Marken verbunden. Sie sind die Gruppe, die am ehesten Luxusprodukte kauft. Sie neigen jedoch dazu, offline einzukaufen, da sie in einer Ära des Offline-Einkaufs aufgewachsen sind und im Laufe der Jahre allmählich auf E-Commerce umgestiegen sind. Im Vergleich zu jüngeren Menschen neigen sie nicht zu emotionalen Käufen.

Supermütter sind Frauen, die schwanger sind oder Kinder unter 12 Jahren haben. Sie leben in Städten der Stufen 1–3 mit einer Konsumfähigkeit von L3 und mehr. Sie lieben ihre Kinder, sind sich der gesundheitlichen Auswirkungen von Produkten bewusst, machen sich Gedanken über Chemikalien und künstliche Dinge und wollen gebildete Verbraucher sein. In den letzten Jahren haben sie wahrscheinlich Geld für Fitness und Yoga ausgegeben, um den aufkeimenden Trends zu folgen. Sie sind die Haupteinkäufer für ihre Familien und sind bereit, für Bequemlichkeit einen Aufpreis zu zahlen. Von allen Gruppen haben sie die stärkste Kaufkraft, weil sie so viele Kategorien und Marken kaufen, so häufig einkaufen und so viel Geld ausgeben.

Die Generation Z besteht aus Studenten und anderen Personen, die nach 1995 oder 2000 geboren wurden. Sie sind digitale Eingeborene. Es gibt einen Begriff namens 剁手 duò shǒu, der „sich die Hand abhacken" bedeutet. Obwohl dies sehr gewalttätig, aggressiv und blutig erscheinen mag, ist es Teil der chinesischen Internet-Sprache, um bestimmte Verbraucher, die ihre Ausgabengewohnheiten nicht unter Kontrolle haben, auf komische Weise so darzustellen, dass sie sich „die Hände abhacken" sollten. Sie probieren gerne neue Dinge aus. Sie interessieren sich für das „Aussehen" eines Produkts, sind Großverbraucher von AGC und achten darauf, was ihre Freunde benutzen. Anders als ihre älteren Mitmenschen schätzen sie trendige Produkte mehr als etablierte Marken und sind große Fans aufstrebender Marken. Diese Gruppe verzeichnete das schnellste Wachstum der Pro-Kopf-Ausgaben für Fast Moving Consumer Goods (FMCG) auf Tmall und Taobao.

Junge Kleinstadterwachsene sind Verbraucher im Alter zwischen 20 und 30 Jahren in Stufe 4 oder kleinere Orte. Sie folgen den Trends ihrer „Rookie White Collar"-Kollegen und interessieren sich dafür, was diese Gruppe kauft, da dies das Profil ist, das sie anstreben. Aufgrund der Art der Stadt, in der sie leben, müssen sie keine große Hypothek abbezahlen und haben daher genügend Geld für Freizeitaktivitäten. Sie haben viel Freizeit und werden viel Zeit in Apps wie Douyin oder Kuaishou verbringen.

Urban Gray Hairs sind Verbraucher ab 50 Jahren. Sie wurden vor den 1970er-Jahren geboren und leben in Städten der Stufen 1–3. Sie verfügen aufgrund ihrer beträchtlichen Renten über ein beträchtliches Vermögen, sind aber aufgrund des Umfelds, in dem sie in China aufgewachsen sind, in ihren Ausgaben sehr unterschiedlich. Das wichtigste Ereignis, das ihr Leben verändert hat, war die Kulturrevolution. Daher wird diese Gruppe niemals emotional oder unkontrolliert ausgeben. Sie sind daran gewöhnt, offline einzukaufen, und sind nicht in der Lage, am Online-E-Commerce teilzunehmen. Diese Gruppe ist am schwierigsten online zu bringen. Einige von ihnen haben kein WeChat. Aufgrund der geringen Penetrationsrate wird diese Gruppe jedoch als das größte Potenzial angesehen, das es für einige Marken online zu erschließen gilt.

Kleinstädtische, reife Verbraucher sind älter als 35 und leben in Städten der Stufe 4 oder kleineren Orten. Sie schätzen preiswerte Produkte, da sie nicht frei über größere monatliche Mittel verfügen, so dass sie sich zunächst auf ihre Grundbedürfnisse konzentrieren. Aufgrund ihres langsamen Lebensrhythmus haben sie in der Regel viel Zeit, um sich online Videos oder Nachrichten anzusehen. Sie sind eher daran gewöhnt, offline einzukaufen. Die App Pinduoduo hat einen viel größeren Anteil dieser Gruppe erobert als Taobao. Sie verzeichneten 2018 die niedrigsten Pro-Kopf-Ausgaben für FMCG auf Tmall und Taobao von allen Gruppen.

Urbane Blue Collars im Alter von 25 bis 45 Jahren sind weniger wohlhabende Verbraucher in Städten der Stufen 1–3 mit einer Konsumfähigkeit von L2 und darunter. Da sie in Großstädten leben, aber nicht das gleiche Einkommen haben wie ihre Kollegen aus der Angestelltenschicht, sind sie mehr an preiswerten Produkten interessiert und kaufen weniger Artikel. Ihre Berufe sind wahrscheinlich im Transportwesen, im Einzelhandel oder im Dienstleistungssektor angesiedelt.

Bitte beachten Sie, dass diese acht Hauptverbrauchergruppen lediglich ein Modell darstellen, das vor Kurzem entwickelt wurde. Es kann durchaus sein, dass es bestimmte Gruppen gibt, die eher eine Nische darstellen oder spezifisch für Ihre Marke sind. Vielleicht sind Sie an einer bestimmten Gruppe von Vätern interessiert oder an Hardcore-Sportlern oder an Tierliebhabern. Welcher „Verbrauchertyp" auch immer, es ist wichtig, dass Sie Ihren idealen Verbrauchertyp vollständig herausarbeiten.

Merchandising

Der nächste Punkt ist das Produkt. Sie haben also eine Marke, und jetzt haben Sie Ihren Zielmarkt ausgewählt, welche Art von Produkten werden Sie verwenden? Viele Marken stellen bei ihrem Markteintritt in China sicher, dass sie eine andere Produktpalette verkaufen, um das Image zu ändern, das die Marke zu Hause hat. Ich habe z. B. kürzlich den Leiter des Online-Vertriebs von Ecco, einer dänischen Schuhmarke, getroffen. Ich bin mir sicher, dass diese Marke vielen Fashionistas nicht fremd ist. Ihr Preisniveau und ihr Markenimage sind in jedem Land anders. In Europa z. B. gelten sie als Mittel- oder Oberklasse. In den USA sind sie im unteren Preissegment angesiedelt. In China hingegen sind sie eine Marke des mittleren bis oberen Preissegments. Wenn also eine Marke auf ihrem Heimatmarkt ins Stocken gerät, besteht in China definitiv die Chance, dass die Marke neu geboren wird. Als z. B. Hollister und A&F in den USA ins Stocken gerieten und von der High-School-Generation, die aus ihrer Kleidung herausgewachsen war, vergessen wurden, traten sie in China an und eroberten einen ansehnlichen Teil des chinesischen Marktes. Pizza Hut, eine Mittelklasse-Marke in den USA, die das Markenzeichen der Fast-Food-Pizza beibehält, wurde in China umbenannt, um den Verbrauchern eine Speisekarte der mittleren bis gehobenen Klasse anzubieten. Dies ist nun ein Ort, den junge chinesische Verbraucher für Verabredungen aufsuchen werden.

Hero-Produkte: Dies ist eine Reihe von Produkten, die die Marke erfolgreich gemacht haben, oder ein Produkt, an das die meisten Menschen denken, wenn der Markenname erwähnt wird. Bei Apple ist es das iPhone, auch wenn Apple zahlreiche SKUs verkauft. Bei SK-II ist es die Pitera-Essenz. Hero-Produkte sind Produkte, die sich in der Vergangenheit bewährt haben und in der Regel sehr häufig wieder gekauft werden. Es definiert die Qualität und die Wahrnehmung der Marke in den Köpfen der Verbraucher. Daher ist es sehr wichtig, zu bestimmen, welche SKU als Hero-Produkt gelten soll, da ein Großteil der Werbeausgaben für diesen Artikel verwendet wird. Wenn sich ein Trend in China durchsetzt, explodiert er in Zahlen, die für einige Marken aufgrund der schieren Anzahl der Verbraucher in China im Vergleich zur Größe des heimischen Marktes schwer vorstellbar sind. Daher ist es auch wichtig, ein Produkt zu wählen, das über stabile und elastische Lieferketten verfügt, damit das Angebot die Nachfrage befriedigen kann, falls diese plötzlich steigen sollte.

Hook-Produkte: Vielleicht ist das Hero-Produkt tatsächlich ziemlich teuer und eine große Investition für den Verbraucher. In diesem Fall sind Hook-Produkte SKUs, die einen Kunden dazu bringen sollen, den Laden zu betreten. Vielleicht handelt es sich um eine Probegröße oder eine kleinere Größe als das Hero-Produkt. Es könnte auch ein Kooperationsprodukt mit einer anderen Marke sein. Oder vielleicht handelt es sich um eine Art limitierte Auflage. Hook-Produkte sind all die, welche die Marke in der Außendarstellung nutzt, um einen neuen Kunden in den Laden zu locken. Dies sind nicht die Produkte, die letztendlich die Wahrnehmung der Marke bestimmen werden.

Nachkaufprodukt: Gibt es Produkte, die die treue Fangemeinde der Marke immer wieder kaufen möchte? Vielleicht kann dieses Produkt als Großpackung oder Familienpackung mit einem größeren Rabatt angeboten werden. Unten sehen Sie einen Screenshot eines Abonnementprodukts, eine Funktion, die für ausgewählte Produkte verfügbar ist. Dinge wie Frischmilch, Windeln, Tierfutter, Kontaktlinsen und frische Blumen eignen sich hervorragend für diese Funktion, da sie immer wieder gekauft werden. Für den Händler ist es großartig, wenn sich ein Kunde verpflichtet, das gleiche Produkt über einen Zeitraum von sechs Monaten zu kaufen. Für den Verbraucher ist es großartig, dass er das Abo einrichten kann und danach sich nicht weiter darum kümmern muss.

Screenshot der Taobao-App für Abonnementprodukte

Long-Tail-Produkte: Dies sind eine Reihe von Produkten, die nicht so sehr von den Fans des Ladens bevorzugt werden, aber auch Produkte, die eine große Vielfalt von Fans ansprechen. Dies ist die Gruppe von Produkten, die den Verbraucher anspricht und es ermöglicht, ihn länger in der App zu halten. Diese Produkte sprechen Randgruppen an, die vielleicht ein paar Jahre älter oder jünger sind als der Hauptverbraucher.

Marketing in und außerhalb der App

Nachdem wir nun also Menschen und Produkte vorgestellt haben, ist der nächste wichtige Punkt der Kontext, d. h. die Bedingungen, unter denen der Kauf zustande kommt. Kurz gesagt, es geht um Marketing. Wie verkaufen wir Produkte und bauen Geschäfte auf? Wir unterteilen das Marketing in zwei große Bereiche: *In-App- und Out-of-App-Marketing*.

Der Unterschied zwischen In-App- und Out-of-App-Marketing ist ganz einfach: Das eine ist innerhalb der App, an der Sie teilnehmen, das andere sind alle Marketingaktivitäten, die außerhalb der App durchgeführt werden, wie z. B. eine andere App, um den Traffic auf Ihre zu lenken, oder alles, was im physischen Raum geschieht.

Das In-App-Marketing bei Tmall ist ziemlich kompliziert. Man kann davon ausgehen, dass dieser Bereich hauptsächlich von Alimama beherrscht wird, der Geschäftseinheit innerhalb von Alibaba, die Google Adwords am ähnlichsten ist. Wenn eine Marke in Alimama investiert, hat sie die Möglichkeit, die Relevanz ihres Produkts für den Verbraucher zu erhöhen, SEO auf das Produkt anzuwenden oder das Produkt bei der Zielgruppe bekannt zu machen. Out-of-App-Marketing kann auf Sina Weibo (chinesisches Twitter), Little Red Book, WeChat, Bilibili, Kuai, Douyin, Youku (eine Version des chinesischen Netflix) präsentiert werden. Die Idee ist, den Traffic zu Ihrem Geschäft innerhalb der Taobao- oder Tmall-App zu lenken. Out-of-Marketing kann auch an einem physischen Ort stattfinden, z. B. in einem Pop-up-Store, in einer Fernsehwerbung, auf einem Plakat in einer U-Bahn-Station und so weiter.

In App

Aus der App

VS

In-App-Marketing

Das In-App-Marketing kann weiter unterteilt werden in Kampagnenmarketing (plattformgesteuerte Kampagnen), Marketing-IPs und Alimama, die wir Stück für Stück behandeln werden.

Das erste Double 11

Der „Singles Day" in China, der 11. November, ist der geschäftigste Online-Einkaufstag des Jahres in China. Marken bieten enorme Rabatte und können bis zu 50 % ihres Jahresumsatzes erzielen. Im Jahr 2021 verzeichnete Alibaba am „Singles Day" einen Bruttowarenwert (GMV) von 84 Milliarden US-Dollar. Aber der Double 11 war nicht immer groß, und er war auch nicht einmal eine Tradition.

Im Jahr 2017 hatte ich mit dem Marketingleiter von Tmall Global gesprochen, der der erste Projektleiter von Double 11 war. Damals war Tmall noch keine Abteilung. Es hieß immer noch Taobao. Im Jahr 2009 wurden die Händler einfach aufgefordert, ihre Preise um 50 % zu senken.

2 RAHMENWERKE UND KONZEPTE   47

Unten ist ein Plakat der ersten Kampagne zu sehen. Adidas war dort bereits eine der Ankermarken zusammen mit Jack Jones, die in dieser Zeit die höchsten Umsätze erzielten.

Plakatwerbung für die erste Double 11 im Jahr 2009

Heute sind Preisnachlässe viel komplizierter, so sehr, dass jedes Jahr KOLs von Bilibili (die chinesische Version von YouTube) Videos gedreht haben, in denen sie die Schwierigkeiten bei der Berechnung des Verkaufspreises eines Artikels dokumentieren. Heute – ein paar Jahre später – werden Kampagnen in verschiedene Arten von Rabatten unterteilt:

1. 购物津贴 gòu wù jīn tiē (von der Plattform zur Verfügung gestellter Gutschein)
2. 品类券 pǐn lèi quàn (von der Plattform bereitgestellter Kategorie-Gutschein)
3. 店铺券 diàn pū quàn (vom Geschäft zur Verfügung gestellter Gutschein für alle Artikel im Geschäft)

4. 新人券 xīn rén quàn (Gutschein des Geschäfts für neue Kunden im Geschäft)

Testen wir z. B. Sie als Verbraucher. Dies ist ein Screenshot eines Artikels, der in einer kürzlich durchgeführten Kampagne war:

Der Originalpreis für diesen Artikel beträgt 479 RMB. Aber es ist Double-11-Saison! Das bedeutet, dass es viele Arten von Rabatten gibt, wie

z. B. Einkaufsgutscheine, Plattformgutscheine und auch einen Preisnachlass, wenn der Artikel innerhalb der ersten paar Stunden nach Beginn der Aktion gekauft wurde. Wenn der Sonderpreis in der ersten Stunde des Verkaufs 383 RMB beträgt und es einen 10-RMB-Gutschein für den Laden, einen 300-minus-30-RMB-Gutschein für die Plattform und einen 200-minus-30-RMB-Gutschein für die Modekategorie gibt, wie hoch sollte dann der Preis des Artikels sein?

Die Antwort lautet 313 RMB, wie auf dem Foto in fetter roter Schrift angegeben, aber *nur wenn Sie in der ersten Stunde des Verkaufs gekauft haben.*

Im Laufe der Jahre haben sich viele verschiedene Arten von Gutscheinen entwickelt, so dass die Verbraucher verwirrt sind, wie hoch der tatsächliche Rabatt ist, der genutzt werden kann, und in welchem Fall. Es gab ein berühmtes virales Video von PapiJiang, einem bekannten KOL in China, das sich über den komplizierten Algorithmus von Tmall lustig machte. Kurz darauf begann Tmall, alle Händler anzuweisen, den korrekten Preis für ihre Produkte auf dem Produktfoto deutlich anzugeben, damit die Verbraucher den korrekten Preis besser erkennen können, anstatt bei jedem Schritt den Taschenrechner zu zücken. Allerdings wurden die Kategorie-Coupons, Laden-Coupons und Plattform-Coupons nicht abgeschafft. Es gibt jetzt mehr Gutscheine, z. B. „grüne" Produktgutscheine und Gutscheine für Erstkäufer.

Kampagnen

Heute werden alle Kampagnen in zwei Kategorien unterteilt: S-Level und A-Level, wobei der Unterschied zwischen den beiden darin besteht, wie viel Traffic die teilnehmenden Geschäfte erhalten und wie viel Tmall außerhalb der App wirbt. Kampagnen der Stufe S sind Double 11, 618 Mid Year Sale, Chinese New Year's usw., bei denen Tmall physische Werbeflächen kauft und bestimmte Prominente einlädt, die Kampagne zu unterstützen. Die teuerste Werbung außerhalb der App findet während des chinesischen Neujahrsfestes statt, wenn alle Chinesen, egal aus welcher Stadt sie kommen, wegen der Frühlingsgala zum neuen Jahr an ihren Bildschirmen kleben (das ist fast dasselbe wie beim Super Bowl, bei dem in den USA jede Sekunde Werbung Millionen von Dollar wert ist).

A-Level-Kampagnen sind spezifischer auf eine bestimmte Kategorie ausgerichtet und können flexibler geändert und an die Ziele der Kategorie angepasst werden.

Nachfolgend finden Sie eine Übersicht über alle wichtigen Kampagnen der Stufe S, die jedes Jahr stattfinden.

	Jan	Februar	März	Apr	Mai	Jun	Jul	Aug	Sep	Okt	Nov	Dez
Festival	Frühlingsfest Valentinstag		Frauentag	Tag der Erde	Muttertag 520	Vatertag		Chinese Valentine's Day			Danksagung	Weihnachten
Tmall-Kampagne	Frühlingsfest Valentinstag		3.8 Frauentag	Mama & Baby	5.5	6.18		8.8 Tag der Mitglieder	9.9 (Blitzverkauf)	10.10	11.11	12.12
Kategorie & Markenkampagne					Super Brand Day: Super-Kategorie-Tag							

WICHTIGE FESTIVALS ZUM AUFSCHLÜSSELN

Frühlingsfest: Im Gegensatz zum westlichen Kalender, in dem das Neujahrsfest am 1. Januar gefeiert wird, fällt das chinesische Neujahrsfest in der Regel in den späten Januar oder Februar. Der besondere kulturelle Aspekt dabei ist, dass die meisten chinesischen Familien Geschenke kaufen, um sie ihren Eltern und Verwandten mitzubringen, was in den meisten Geschäften zu einem Anstieg des Traffics und des Umsatzes führt. Obwohl dieses Ereignis im Januar stattfindet, kann man es auch als Jahresendverkauf bezeichnen, denn es ist der letzte Verkauf, bevor die Fabriken und Marken die Arbeit des Jahres abschließen und über die Feiertage schließen. Einige Fabriken bereiten sich darauf vor, den ganzen Monat über geschlossen zu sein, was sich sogar bis in die Wochen nach dem chinesischen Neujahrsfest erstreckt.

8. März: Der 8. März ist der Internationale Frauentag, aber in China hat dieser Tag eine viel größere Bedeutung, denn in einigen Unternehmen dürfen weibliche Beschäftigte einen halben Tag frei nehmen. Die meisten Marken, die sich an Frauen richten, wie z. B. Kosmetik- und Modemarken, nutzen dieses Ereignis, um ihren Jahresumsatz zu steigern.

18. Juni: Auch bekannt als Mid Year Sale, dauert in der Regel vom 1. Juni bis zum 18. Juni, in zwei verschiedenen „Wellen", wobei das Verkaufsvolumen eine U-Form mit den höchsten Spitzenwerten an den Enden bildet. Dies ist in der Regel die zweitgrößte Verkaufsveranstaltung nach dem Double 11.

8. August: Auch bekannt als Member's Day. Alibaba hat ein Mitgliedschaftssystem, das seine Nutzer von Tmall über Ele.me (Lebensmittellieferung) bis zu Youku (Inhaltssystem) bindet. Den Mitgliedern wird ein besonderer Rabatt gewährt, an dem auch andere Marken teilnehmen können.

9. September: Das Wort „Neun" hat im Chinesischen den gleichen Klang wie „Alkohol", so dass die größte Kategorie für dieses 9.9-Fest normalerweise Wein und Essen ist.

11. November: Der Double 11. hat seine Ursprünge tief im Universitätsleben verwurzelt. Die am weitesten verbreitete Geschichte besagt, dass der Feiertag aus der Wohnheimkultur der Nanjing-Universität entstanden ist. Während junge Männer unter dem familiären Druck stehen, während des Studiums an eine Heirat zu denken, möchten einige Männer Verabredungen und Beziehungen eigentlich vermeiden. Im Jahr 1993 diskutierten vier männliche Studenten des Studentenwohnheims der Universität Nanjing darüber, wie sie sich von dem familiären Druck lösen und stattdessen ihr Junggesellendasein feiern könnten. Das Datum, der 11. November (11/11), wurde gewählt, weil die Zahl 1 einem nackten Stock ähnelt. Die Idee verbreitete sich schließlich auch an anderen Universitäten, bevor Alibaba die Idee aufgriff und seine ersten Verkaufsveranstaltungen auf junge Verbraucher ausrichtete, die tatsächlich Single waren. Heute nehmen Marken ihre Double-11-Zahlen als Gesundheitscheck, um festzustellen, wie gut es ihnen im Vergleich zu ihren Konkurrenten geht, da die Einnahmen während des Double 11 bei einigen Marken die Hälfte des Jahresumsatzes ausmachen können.

12. Dezember: Ursprünglich war 1212 eine von Taobao und nicht von Tmall organisierte Veranstaltung, die als exklusiver Ausverkauf zum Jahresende auf Taobao begann. Jetzt ist die Veranstaltung auf Tmall übergeschwappt und Tmall-Händler nehmen ebenfalls teil.

Unten sehen Sie einen Screenshot vom 9.9-Fest im Jahr 2021. Alle Produktfotos, die aufgetaucht sind, werden mir auf der Grundlage eines Empfehlungsalgorithmus empfohlen, der mein bisheriges Kaufverhalten, die Marken, die ich mag, und das, bei dem das System es für wahrscheinlich hält, dass ich darauf klicken werde, berücksichtigt hat.

Kampagnenseite für die Kampagne 99

Marken fragen mich oft, ob sie sich selbst um das Marketing kümmern müssen, nachdem sie der Plattform beigetreten sind, oder ob die Plattform diese Aufgabe übernimmt. Die richtige Antwort ist ein bisschen von beidem. Manche wüssten auch gern, ob sie jeden einzelnen Verkauf der Plattform verfolgen müssen. Und die Antwort darauf lautet: Es kommt darauf an. Das Gute daran, dem Zeitplan einer Plattform zu folgen, ist natürlich, dass die Marke während der Kampagne für sich selbst wirbt, so dass der Händler nicht seine eigenen Marketingaktionen planen muss. Gleichzeitig haben die Marken vielleicht schon ihre eigenen Veranstaltungen, wie z. B. einen Sommer- oder Winterschlussverkauf. Diese können jederzeit von der Marke selbst durchgeführt werden.

Nach jeder Kampagne wird Tmall die Rangfolge der verschiedenen Marken in einer bestimmten Kategorie bekannt geben. Unten ist ein Beispiel aus der Kategorie Kaffee zu sehen. Die Plattform verwendet diese Ranglisten, um zu bestimmen, welche Art von zusätzlichen Ressourcen diesen Marken in zukünftigen Kampagnen zur Verfügung gestellt werden sollen. Für einige Marken ist diese Rangliste von entscheidender Bedeutung. Einige Marken wie Adidas und Nike wetteifern bis zur letzten

Minute darum, wer die Nummer eins in einer bestimmten Kategorie ist. Ich erinnere mich an ein Double 11, bei dem zwei Mineralwassermarken um den ersten Platz konkurrierten, und in der letzten Stunde stellte der CEO mehr Ressourcen für Alimama-Marketingprodukte oder zusätzliche Ressourcen bereit, um in den letzten paar Minuten so viel wie möglich zum GMV beizutragen, nur um den direkten Konkurrenten zu schlagen.

Auch die Investoren von Marken sind sehr an diesen Rankings interessiert, da sie auf diese Weise den Pulsschlag der Leistung einer Marke überprüfen und ihre Anlagestrategien entsprechend den Ergebnissen anpassen können.

618 Kampagnenergebnisse von Tmall

Diese Art des Markenvergleichs hat mit Lazada auch in Südostasien Einzug gehalten. Unten sehen Sie einen Ausschnitt aus der Kategorie „Mode" in der jüngsten 99-Promotion von Lazada.

Lazadas 99 Kampagnenergebnisse für Mode

Das Konzept der Pferderennen

Hinter der Anzeige jedes Algorithmus verbirgt sich ein Pferderennen oder auf Chinesisch 赛马 sài mǎ. Ähnlich wie der Name, der an ein Glücksspiel erinnert, beobachtet die Plattform zwei Produkte oder zwei Geschäfte, um herauszufinden, welches das andere im Hinblick auf den Umsatz übertrifft. Diese Beobachtung ist für chinesische Plattformen im Vergleich zu westlichen Plattformen von großer Bedeutung.

Diese Philosophie erstreckt sich sogar auf die Personal- und Organisationsstruktur. Manchmal können verschiedene Dinge nur mit ausgewählten Personen erreicht werden. Wenn man zwei verschiedene Personen oder Geschäftsbereiche auf ein und dasselbe Projekt ansetzt, kann das zu unterschiedlichen Ergebnissen führen. Deshalb wurde der Begriff „Pferderennen" erfunden, um die interne Entscheidung eines Unternehmens zu beschreiben, zwei Spieler auf einen ähnlichen Weg zu schicken und zu sehen, wer gewinnt. Wenn man auf ein Team festgelegt ist, das versucht, ein Ziel zu erreichen, ist man auf die Macht und die Ressourcen dieses Teams beschränkt. Menschen, Zeit usw. sind alle begrenzt. Wenn man dieses Ziel jedoch auf zwei oder mehr Teams aufteilt, hat man plötzlich zwei Ideen, wie ein Problem angegangen werden kann, zwei Möglichkeiten, wie man vorgehen kann. Die beste gewinnt in der Regel.

Vermarktung von IPs

Es gibt viele bemerkenswerte Marketing-IPs, die im Laufe der Jahre entstanden sind und an denen sich die Händler heute beteiligen. Eine davon ist 聚划算 jù huá suàn oder Flash-Sale genannt. Dabei werden Artikel für einen begrenzten Zeitraum zu einem reduzierten Preis angeboten. Dies ist einer der Punkte auf der Homepage, der besonders stark frequentiert wird. Wegen der Schnäppchenjäger bietet die Plattform die Möglichkeit, das Produkt erst in den Warenkorb zu legen und es dann zu kaufen, wenn der Preisnachlass gilt.

618 Kampagnenergebnisse von Tmall

Ein weiteres IP ist die sogenannte *HeyBox,* die meist dazu dient, neue Produkte einer Marke vorzustellen. Normalerweise sind diese Produkte nicht mit Rabatten verbunden, da es sich um die neuesten Serien oder Ergänzungen einer Marke handelt. In der App gibt es ein spezielles Miniprogramm, in dem alle HeyBox-Produkte aller Marken vorgestellt werden. Fans einer bestimmten Marke werden diesem Symbol besondere Aufmerksamkeit schenken.

Screenshot der Taobao-App, Seite Hey Box

Eine weitere IP ist die *Super-Day*-Serie. Das folgende Bild ist ein Super Brand Day für Lancôme. Das Foto auf der linken Seite ist in der Taobao-App, während das Bild auf der rechten Seite ein Display-Bild in Little Red Book ist, das nicht in der App enthalten ist. Diese Tage sind in einer App wie Tmall unglaublich schwer zu buchen, weil so viele Marken darum wetteifern, einen solchen Tag zu gestalten. In der Regel werden diese Tage als eine Art Mini-Double-11 für die Marke betrachtet, bei der der von der Marke generierte Umsatz dem Umsatz entspricht, der während Double 11 erzielt wird.

2 RAHMENWERKE UND KONZEPTE   57

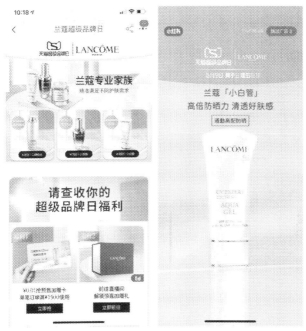

Screenshot der Taobao-App, Beispiel Super Brand Day

Es werden bestimmte Kategorien ausgewählt, die in der App angezeigt werden, um die Beliebtheit einer bestimmten Kategorie zu unterstreichen. In der Regel handelt es sich dabei um Kategorien mit hohen Wachstumsraten. Diese Ereignisse werden Super Category Days genannt. Interessante Beispiele waren Roboter-Mülleimer, intelligente Spiegel, 5G-Handys und andere Trends. Diese werden in der Regel vom Category Manager initiiert, der den Tag intern ausschreibt.

Das folgende ist eine Spiel-IP, die während der Double 11 immer läuft. Vom „Katzenstapeln" bis zum „Stadtlabyrinth" gibt es immer ein Spielelement, das zur Steigerung des Traffic eingesetzt wird. Es gibt kleine Schnitzeljagden und Aufgaben, die die Nutzer erfüllen mussen. Sobald sie diese erfüllen, erhalten sie Punkte und schalten „hongbaos" oder „rote Pakete" frei, in denen sich Gutscheine oder Geld befinden, die sie während der Kampagne ausgeben können. Dabei wird das gemeinsame Spielen belohnt, so dass jeder Nutzer seine Familie und Freunde in sein Team holt, um mehr Punkte zu sammeln.

Taobao-Screenshot des Spiels, das während Double 11 gespielt wurde

Marken-Webseite

Ähnlich wie bei den KOL-Seiten im Little Red Book können Marken auch Seiten in ihrem Marken-Hub erstellen. Hier werden die meisten Inhalte der Marke angezeigt. Jedes Mal, wenn ein neues Produkt auf den Markt kommt oder ein neuer Prominenter vorgestellt wird, wird der Beitrag hier erscheinen und die Fans der Marke direkt erreichen und ansprechen.

2 RAHMENWERKE UND KONZEPTE   59

Taobao-Screenshot der Markenseite von Innisfree

Programmatisches Marketing-Alimama

Technisch gesehen kann der Alimama-Inhalt ein ganzes Kapitel für sich sein, denn er ist der sehr komplizierte Motor der gesamten Palette von Werbeprodukten auf Tmall. Dies ist sehr ähnlich wie Googles Produktpalette bei Google Ads. Marken können eine bestimmte Gruppe von Verbrauchern auswählen, um Eindrücke von dieser Marke zu erhalten. Für unsere Zwecke werde ich nur vier Hauptprodukte als die gängigsten hervorheben:

直通车 zhí tōng chē **Direct Train** ist die Möglichkeit für Marken, Geld für einen bestimmten Suchbegriff auszugeben. Bei den Suchbegriffen kann es sich um den Markennamen, eine falsche Schreibweise des Markennamens (da einige Kunden das Wort möglicherweise nicht richtig schreiben können), den Markennamen eines Wettbewerbers oder einen Kategoriebegriff handeln. Im folgenden Beispiel wird nach „Champagner" gesucht, und das erste Feld ist die Marke, die Werbegelder in das Wort „Champagner" investiert hat.

Taobao-Screenshot des Suchworts champagne

钻展 zuān zhǎn **Diamond Display** ist ein weiteres beliebtes Produkt, mit dem Marken neue Kunden ansprechen können, indem sie ein Werbebanner einblenden. Diese Banner werden je nach Relevanz eines bestimmten Produkts in eine Warteschlange gestellt. Wenn die Plattform

z. B. weiß, dass ich ein Mann bin, wird sie höchstwahrscheinlich keine Tampons anzeigen (es sei denn, dies ist ein sehr häufig gesuchter Begriff. Ehemänner könnten sie für ihre Frauen kaufen!) Der folgende Screenshot zeigt, dass die COS-Seite auf mich ausgerichtet ist.

Taobao Bildschirmfoto von COSís Diamond Dis spielen

品销宝 pǐn xiāo bǎo Bei der **Sternsuche** wird direkt eine Geschäftsseite angezeigt, wenn ein Kunde nach dem Namen des Geschäfts sucht. Diese Ressource wird vor allem Flagship-Stores zur Verfügung gestellt, die höher angezeigt werden möchten als ein Vertriebsgeschäft. Wenn Sie z. B. nach der Alkoholmarke Martell suchen, werden alle Geschäfte angezeigt, die Martell führen. Da der Flagship-Store jedoch der offiziellste Kanal für den Kauf des Produkts ist, möchte die Marke diese Funktion vielleicht öffnen, um mehr Besucher zu ihrem Geschäft zu leiten.

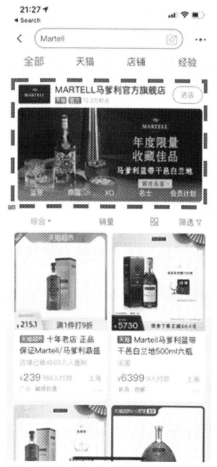

Taobao-Screenshot des Suchworts champagne

猜你喜欢 cāi nǐ xǐ huān Schließlich können Marken auch Geld in den Entdeckungsbereich der App investieren, der eine endlose Reihe von Produkten am unteren Rand der Startseite darstellt. Ich persönlich habe auf diese Weise viele neue Marken entdeckt. Dieser endlose Strom von Produkten ist für den Nutzer ausgewählt, so dass der Nutzer diesen Strom von Produkten als potenzieller Verbraucher höchst relevant oder interessant finden würde. Durch die Investition von Geld in dieses Produkt hat die Marke eine höhere Chance, von den Verbrauchern gesehen zu werden, die die Plattform als relevant für die Marke erachtet.

Marketing außerhalb der App

Das Marketing außerhalb der App ist wichtig, um sicherzustellen, dass ein ständiger Strom von Besuchern in den Store fließt, falls das In-App-Marketing an seine Grenzen stößt. Es ist auch einfacher, Inhalte außerhalb der App zu erstellen und diesen Traffic in die App zu leiten. Dies ist vergleichbar mit einer westlichen Marke, die Videos auf TikTok erstellt oder Fotos auf Instagram teilt, die dann mit einem Link versehen werden, der den Nutzer auf die E-Commerce-Website der Marke leitet. Vor dem Aufkommen von TikTok haben die meisten Marken einen Link zu einem YouTube-Video eingebettet. All dies wird als Out-of-App-Marketing bezeichnet. Der Unterschied ist, dass es in China keine Apps wie TikTok, Instagram und YouTube gibt. Stattdessen sind die gängigsten Plattformen dafür Little Red Book, Bilibili, Weibo, Douyin, Kuaishou und Zhihu, um nur einige zu nennen. Bei den meisten dieser Plattformen handelt es sich um Inhaltsplattformen mit Millionen von Zuschauern und einer Nutzerbasis, die mit der von Taobao konkurriert.

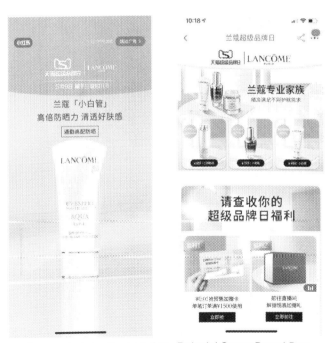

Screenshot der Taobao-App, Beispiel Super Brand Day

Die obige Abbildung ist ein Beispiel für Out-of-App-Marketing für den Super Brand Day von Lancôme. Die Werbung erfolgt in Little Red Book und fordert die Nutzer auf, zu Taobao zurückzukehren, um dort zu suchen, oder, je nach App, wenn der Nutzer auf die Anzeige klickt, kann er auch weitergeleitet werden. Um auf die Analogie des „ummauerten Gartens" in Kap. 1 zurückzukommen, könnte dies passieren, wenn die beiden Apps tatsächlich miteinander befreundet sind. In den meisten Fällen möchte Tmall jedoch in Apps mit hohem Traffic werben, aber die andere App mit hohem Traffic erlaubt es den Marken nicht, nach dem Anklicken direkt zur anderen App zu wechseln. In diesen Fällen muss der Nutzer zurück zu Tmall gehen, um selbst zu suchen.

Die nachstehende Tabelle veranschaulicht die gängigsten Marketingkanäle für Apps, die wir in Kap. 1 bei ihrer Einführung angesprochen hatten. Einige Kanäle sind besser geeignet, um bestimmte Zielgruppen zu erreichen, wie Bilibili, Kuaishou oder Little Red Book.

Marketing-Kanal	Beschreibung der App	Wie Werbung auf dieser Plattform gemacht wird	Mögliche Auswirkungen auf den Traffic
WeChat	Chat-App, ähnlich wie Facebook oder Whatsapp	1. Marken erstellen eine WeChat-Seite, der Nutzer folgen können. Die WeChat-Seite wird zur Blog-Seite der App 2. Marken können auch im Entdeckungsbereich der Aktualisierungsseite eines Freundes werben	Hoch
Weibo	Das chinesische Pendant zu Twitter	Marken erstellen eine Kontoseite, der die Nutzer folgen können, oder beauftragen andere KOLs, über die Marke zu schreiben	Hoch
Youku	Das chinesische Pendant zu YouTube	Marken können ihre Produkte in die von Youku produzierten Shows einfügen oder ihre Produkte im Format einer Videoanzeige zeigen, bevor die Videos auf der Plattform abgespielt werden	Niedrig

Marketing-Kanal	Beschreibung der App	Wie Werbung auf dieser Plattform gemacht wird	Mögliche Auswirkungen auf den Traffic
Little Red Book	Ein Mischmasch aus Instagram und TikTok	Beliebt bei jungen Frauen der Generation nach 1995, 1990er-Jahre. Marken beauftragen KOLs mit der Erstellung von Tagebucheinträgen und kurzen Videos im Format von Inhalten auf dieser Plattform	Hoch
Douyin	Muttermarke von Tiktok	Marken engagieren KOLs, um ihr Produkt per Livestream zu übertragen oder kurze Videos im Format von Inhalten auf dieser Plattform zu erstellen	Hoch
Kuaishou	Ähnlich wie Douyin, aber auf die Städte der Stufen 2 bis 6 ausgerichtet	Beliebt bei Städten mit höherem Niveau oder auf dem Lande anstelle von Stufe-1-Städten. Marken engagieren KOLs, um ihr Produkt per Livestream zu präsentieren oder kurze Videos im Format von Inhalten auf dieser Plattform zu erstellen	Hoch
Bilibili	Video-Sharing-App rund um Spiele, Comics und Animationen	Aufgrund der Größe der ACG-Wirtschaft in China werden Marken, die an der Generation Z oder an Fans von ACG und Anime interessiert sind, hier in Form von Inhalten in einem Video werben	Mittel
Zhihu	Das chinesische Pendant zu Quora	Marken können auf diesem Kanal Inhalte wie Produktbewertungen und Markenvergleiche erstellen.	Niedrig
Baidu	Das chinesische Pendant zu Google	Obwohl Google im Westen ein hoch angesehener Marketingkanal ist, hat Baidu in China eine geringere Bedeutung, da chinesische Verbraucher direkt in einer Shopping-App nach einem Kauf suchen, anstatt zuerst auf Baidu zu suchen.	Niedrig

KOLs und Affiliate Marketing

Schließlich ist 淘客 táo kè das Affiliate-Marketing-Programm für Taobao. Geschäfte können ein Affiliate-Marketing-Produkt einstellen und einen KOL finden, dem sie diesen Link geben. Für jede Bestellung, die der KOL verkauft, kann er oder sie einen Prozentsatz der Einnahmen des Produkts erhalten. Dies ist ein schneller Weg, um in den Social Commerce einzusteigen und die Vorteile der Fangemeinde dieser KOLs zu nutzen. Diese Produktlinks können überall eingefügt werden und bringen dem KOL Einnahmen ein. Als Livestreamer anfingen, erhielten sie diese Links, um sie während ihrer Livestreams zu verkaufen.

Säen und Ernten

„Aussaat" oder 种草 zhǒng cǎo ist ein häufig verwendeter Begriff im chinesischen Marketingjargon. Er bedeutet, einen Samen zu säen oder einen Samen des Interesses für einen Verbraucher zu pflanzen, sei es durch eine Anzeige, eine Produktbesprechung oder ein kurzes Video auf Douyin. „Ernte" oder 收割 shōu gē oder 拔草 bá cǎo ist das ideale Endergebnis des vorherigen Wortes, was im Wesentlichen bedeutet, einen Verkauf des Produkts zu generieren.

Dieses Phänomen ist nun in die Tmall-Datenprodukte in Form von AIPL eingebettet, was für Awareness, Interest, Purchase und Loyalty steht. Dies wird in den nächsten Abschnitten ausführlicher erläutert.

Der vielleicht beste Rat, den ich einer Marke geben kann, bevor sie sich nach China wagt, ist, die richtigen KOLs zu finden, die sich für ihr Produkt einsetzen. Heutzutage brauchen KOLs viel mehr als nur eine Entschädigung für einen bestimmten Betrag, um ein Video zu drehen oder eine Provision für jede verkaufte Einheit. Je größer die KOLs sind, desto mehr haben sie zu verlieren, wenn sie eine Marke empfehlen, die ihrer Zielgruppe zuwiderläuft, oder eine Marke, an die sie nicht glauben. Es gibt viele Produktmessen, auf denen jeder Händler speziell vor einem Raum voller KOLs wirbt. Diese müssen dann entscheiden, ob sie hinter einem Produkt stehen wollen. Einige Marken gehen sogar so weit, dass sie ihr Produkt gemeinsam mit der ausgewählten KOL entwickeln, da diese Person ihr Publikum in Bezug auf Content Marketing, Verpackung und Preis am besten kennt.

KOCs und KOLs, was ist der Unterschied?

Um 2017 tauchte ein weiterer Begriff auf, der KOC oder auch bekannt als Key Opinion Consumer. Der Unterschied zwischen den beiden ist, dass der eine viele Follower hat und der andere wenig bis gar keine. In der Regel muss eine Marke beide Gruppen von Partnern einsetzen, um im

Namen ihrer Marke zu verkaufen. Einige Marken haben auch nur KOCs eingestellt, um ihre Marke zu verkaufen. Einige KOCs werden auch ungewollt zu KOCs. Nachdem sie ein bestimmtes Produkt bewertet haben, wird ihr Beitrag aufgrund des Algorithmus der Plattform nach oben gepusht und bietet genug Angriffsfläche für die Bewertung, um von anderen Nutzern weiter bewertet zu werden. Wenn die Marke sofort mit dem KOC Kontakt aufnimmt, kann sie diese Person für einen weiteren Beitrag nutzen.

Einige Marken ziehen es vor, mehr KOCs als KOLs einzusetzen, weil KOCs authentisch sind. KOLs werden manchmal auch übermäßig dekoriert und mit Photoshop bearbeitet, um echte Verbraucher widerzuspiegeln. Das kann zwar in manchen Fällen effektiv sein, ist aber einfach nicht realistisch, während KOCs reflektierender und repräsentativer sind, mit denen sich mehr Verbraucher identifizieren können.

CO-MARKETING MIT DER PLATTFORM

Tmall hat auch 天合计划 tiān hé jì huà für Marken eingeführt, die mit ihnen Co-Marketing betreiben. Dies ist vor allem während der Kampagnensaison wichtig, in der Tmall mit anderen konkurrierenden Plattformen wie JD um Besucher wirbt. Tmall ist an einer Offline-Präsenz interessiert und ermöglicht es Marken, gemeinsam mit ihnen zu werben. Das folgende Foto wurde beispielsweise in Hongkong an einer sehr belebten U-Bahn-Station namens Causeway Bay aufgenommen. Der blaue Teil kann durch eine beliebige Marke ersetzt werden, um sich selbst zu präsentieren und gleichzeitig mit Tmall zu werben.

Manchmal möchte die Marke auch offline präsent sein, sei es auf Flughäfen, Busbahnhöfen oder vor Gebäuden. Manchmal wird einer Marke jedes Jahr ein Teil des Marketingbudgets für diesen Kanal zugewiesen. In diesem Fall kann sich die Marke für ein Co-Marketing mit der Plattform entscheiden. Solange das rote Banner der physischen Anzeige hinzugefügt wird, kann die Marke dies in einem System erfassen und „Punkte" sammeln, die sie innerhalb der Plattform ausgeben kann, z. B. für den Handel mit Traffic.

Als ich einen Super Category Day für meine Marken im Lebensmittelbereich projektierte, gaben die Marken ihre Platzierungen in ein internes System ein und luden Nachweise für die Designs hoch. Im Gegenzug lieferte die Plattform ihnen den Traffic für den Super Category Day. Wenn die Marke bereit ist, der Plattform einen wichtigen KOL oder Prominenten zur Nutzung zur Verfügung zu stellen, gibt die Plattform zusätzliche Punkte.

Als ich zu Tmall Hongkong wechselte, entwarf ich das erste Monetarisierungsprodukt der Plattform, ein Omnichannel-Anzeigenprodukt, das es Marken ermöglichte, gemeinsam mit uns zu vermarkten.

Öffentliche und private Sphären des Traffics

Eine öffentliche Sphäre des Traffics ist eine, in der ein Nutzer eine Marke entdeckt, während er auf der gesamten Plattform von Taobao surft. Eine zunehmend populäre Terminologie ist „Private Sphere of Traffic". Dieses Konzept kam etwa 2019 auf, als WeChat Miniprogramme einführte. Die Idee dahinter ist, dass Marken es leid sind, ihren Traffic mit anderen Händlern und möglichen Konkurrenten zu teilen. Taobao empfiehlt dem Nutzer beispielsweise immer „ähnliche Artikel", wenn sie feststellen, dass der Nutzer etwas angesehen, aber nicht gekauft hat. Der Sinn dahinter ist, dass die Plattform immer noch in der Lage ist, etwas zu verkaufen. Da die Plattform lediglich einen Anreiz hat, einen Verkauf zu tätigen, spielt es keine Rolle, welcher Händler diese Transaktion ausgelöst hat. Aber wenn Sie die Marke wären und gerade Geld ausgegeben hätten, um Besucher von außerhalb heranzuziehen, um dann zu erleben, dass Ihr wertvoller Nutzer im Geschäft Ihrer Konkurrenz einkauft, wäre das ein ziemlicher Verlust an ROI, nicht wahr?

So kam die „Private Sphere" für Marken ins Spiel, die zu dem einstigen .com-Modell zurückkehren wollten, bei dem das angezeigte Produkt nur von der Marke stammte. Aus diesem Grund werden immer mehr WeChat-Miniprogramme erstellt, da immer mehr Marken die Nutzer, die sie in

Tmall gesammelt haben, zu WeChat bringen wollen. Das Miniprogramm fungiert als App oder einzelne Website für die Marke, was bedeutet, dass es auf diesem Kanal innerhalb des Miniprogramms der Marke keine andere Konkurrenz gibt. Das ist das, was wir eine Private Sphere of Traffic nennen, und das ultimative Ziel der Marke. Dies funktioniert in einem ähnlichen Format wie der Verkauf auf Amazon. Nachdem die Verbraucher die neue Marke entdeckt und Vertrauen zu ihr gefasst haben, möchte die neue Marke ihre Nutzer möglicherweise auf eine einzige Website umleiten, um den Wiederkauf zu erleichtern und die von Amazon vorgenommenen Kürzungen zu vermeiden.

AIPL

Ähnlich wie das Goldene Dreieck des E-Commerce – Menschen, Produkte und Kontext – ist auch das AIPL-Modell Teil der Grundlage für die Funktionsweise des E-Commerce in China. Die Hauptfunktion des AIPL-Modells besteht darin, eine Marke so zu führen, dass sie die Verbraucher letztlich umwandelt und sie zum Wiederkauf bewegt. Es ist in vier Fälle unterteilt:

Bekanntheit: Wenn Sie eine neue Marke sind, wie lernen die Leute Sie kennen? Der erste Schritt für jede Marke auf Tmall ist es, Bekanntheit zu erlangen, zu erkennen, dass Sie existieren.

Interesse: Dies ist der nächste Schritt zur Umwandlung von „bewussten" Kunden in „interessierte" Kunden. Der nächste Schritt besteht darin, dass potenzielle Verbraucher Interesse an Ihrer Marke zeigen. Dies ist vielleicht der langsamste und schwierigste Teil des Aufbaus. Haben Sie eine interessante Geschichte? Ist Ihr Produkt einzigartig auf dem Markt? Welches Element Ihrer Marke kann tatsächlich Interesse wecken? Vielleicht engagieren Sie einen KOL, um in Ihrem Namen Interesse zu wecken. Vielleicht hilft auch eine kleine Berühmtheit.

Kauf: Dies ist der Zeitpunkt, an dem der Verbraucher konvertiert und Ihr Produkt zum ersten Mal gekauft hat.

Loyalität: Dies ist der Fall, wenn ein Erstkäufer wiederkommt und einen Artikel erneut kauft. Vielleicht ist er Ihrem Mitgliedschaftsprogramm beigetreten oder hat sich zu einem Botschafter entwickelt. Die meisten Unternehmen bauen auf einer Gruppe von treuen Anhängern auf, anstatt ständig neue Kunden zu gewinnen.

Die nachstehende Tabelle veranschaulicht, wo Sie für die einzelnen Schritte werben sollten.

AIPL	Alibaba-Produkt	Beschreibung
Bewusstseinsbildung	Diamant-Display (Zhizuan)	Die Plattform zeigt den Verbrauchern an, was die Plattform für die Marke als geeignet erachtet hat
	HeyBox (Xiaoheihe)	Speziell für die Markteinführung neuer Produkte
	Livestream-Raum	Wenn eine Marke direkt mit den Verbrauchern kommunizieren will
Zinsen	Empfohlene Waren (Youhaohuo)	Inhaltskanal für Marken, die über ihre Top-Produkte schreiben
	Direct Train (Zhitongche)	SEO eines Suchbegriffs
	Star Store (Pingxiaobao)	Erhöhen Sie das Suchranking Ihres Geschäfts
Kaufen Sie	Blitzverkauf (Juhuasuan)	Verkauft das Produkt für eine kurze Zeit zu einem günstigeren Preis
Loyalität	Portal der Lieblingsmarken (Guanzhupinpai)	Ähnlich wie bei Instagram werden Inhalte von allen Marken angezeigt, denen ein Nutzer folgt
	Marken-Account	Platz für die Marke, um Neuigkeiten und Produktveröffentlichungen zu teilen
	Loyalitätsprogramm	Tmall bietet eine Funktion, mit der Marken ihren Kunden Treuevorteile bieten können

Aufschlüsselung der alten Gleichung für den E-Commerce

Die folgende Gleichung ist eine grundlegende Gleichung, die in E-Commerce-Schulen im ganzen Land gelehrt wird.

GMV = Traffic × Kundenkorbgröße × Konversionsrate

GMV:	Die Abkürzung steht für den Bruttowarenwert, d. h. den Gesamterlös, der auf der Plattform verkauft wurde.
Traffic:	Dies ist die Anzahl der einzelnen Besucher, die in den Laden gekommen sind.
Kundenkorbgröße:	Dies ist der durchschnittliche Warenwert eines Kundeneinkaufs.
Konversionsrate:	Dies ist der Prozentsatz der Kunden, die etwas in dem Geschäft gekauft haben.

Wenn wir diese Zahlen miteinander multiplizieren, erhalten wir den GMV für ein Geschäft. Wenn wir uns Ziele setzen, wie viel eine Filiale in einem Jahr verkaufen sollte, würden wir diese Zahl dann auf die monatlichen Einnahmen herunterbrechen. So ist z. B. der November der umsatzstärkste Monat, weil die meisten Geschäfte Double 11 als die größte Kampagne haben. Der Juni hat 618 und ist somit ebenfalls ein großer Monat. In den Monaten nach diesen großen Kampagnen wird der Umsatz jedoch stark zurückgehen. Und das ist normal.

Im Rahmen eines monatlichen Umsatzziels sollten alle Geschäfte eine Schätzung der täglichen Besucherzahl haben. Wenn die Besucherzahlen nicht den optimalen Wert erreichen, muss der Filialleiter Wege finden, um zusätzliche Besucher zu finden, sei es durch Marketing außerhalb der App oder durch Marketing innerhalb der App. Die Größe des Warenkorbs kann auch dadurch erhöht werden, dass dem Kunden vorgeschlagen wird, Artikel in den Warenkorb zu legen, die das Hauptprodukt ergänzen, oder Produkte in größeren Größen oder Mengen, die er einem Freund schenken oder auf Vorrat kaufen kann. Die Konversionsraten steigen oder sinken in der Regel in Abhängigkeit von dem gewährten Rabatt. Während der Kampagnensaison steigen die Konversionsraten. Sie sind aber auch ein guter Gradmesser für Ihre Marketingbotschaft. Findet Ihre Botschaft bei den Verbrauchern Anklang? Wie hoch ist die durchschnittliche Konversionsrate in Ihrer Branche? So haben beispielsweise Modemarken in der Regel niedrigere Konversionsraten als z. B. Elektronikmarken, bei denen es sich in der Regel um ein einziges Produkt handelt, wie z. B. das iPhone. Die Menschen sind sich in der Regel sicherer beim Kauf eines iPhones oder von Airpods als beim Kauf eines bestimmten Kleidungsstücks von einer Bekleidungsmarke. Modemarken sichern sich in der Regel einen großen Teil des Traffics, der die Artikel nur „durchstöbert", ohne sie zu kaufen.

Aufschlüsselung der neuen Gleichung

In letzter Zeit hat sich die Plattform dahingehend entwickelt, den GMV anders zu betrachten, d. h. ihn stärker mit der Anzahl der Nutzer, die die Marke bereits hat, zu verknüpfen, die Marke enger an den Nutzer zu binden und den Nutzer aus einer längerfristigen Perspektive zu betrachten.

$$\text{GMV} = \text{ARPU} \times \textbf{Benutzer}$$

Benutzer:	konvertierte Käufer
ARPU:	durchschnittlicher Umsatz pro Nutzer

Die Nutzer können weiter nach Verbrauchertyp unterteilt werden, denken Sie an die acht verschiedenen Verbrauchertypen. Wo gibt es die meisten Käufer? Vielleicht haben Sie eine große Anzahl von Generation Z, aber Sie möchten auch die Durchdringungsrate von New Mom's als eine alternative Käuferschicht erhöhen.

Der ARPU kann weiter nach monatlichen oder jährlichen Einnahmen aufgeschlüsselt werden. Dies ist für den Wiederkauf von großer Bedeutung. Es ist viel einfacher, einen Bestandskunden zu einem erneut Kauf zu bewegen, als einen neuen Kunden zu gewinnen. Die Frage ist also: Wie bringen wir unsere Nutzer dazu, wieder bei uns zu kaufen? Durch ein neues Design, ein Cross-over-Produkt, einen Verkauf oder eine neue Marketingbotschaft?

Wenn wir diese Zahlen miteinander multiplizieren, erhalten wir auch den GMV für ein Geschäft. Warum gehen wir zu dieser Art von Gleichung über? Weil am Ende des Tages der Verbraucher im Mittelpunkt steht und welche Art von Verbraucher Sie ansprechen und erreichen können. Die alte Gleichung konzentriert sich zu sehr auf einzelne Ereignisse, während die zweite Gleichung viel langfristiger ausgerichtet ist.

Datenanalyse

Das vielleicht nützlichste Merkmal von Tmall und seiner Produktpalette sind die Datenanalyseprodukte, die von der Marke kostenlos genutzt werden können. Die Datenprodukte funktionieren nach einem Freemium-Modell, bei dem die Basisstufe für kleine und mittlere Unternehmen leicht verfügbar ist. Für große Marken gibt es fortgeschrittenere Datenprodukte, für die größere Marken ein spezielles Team oder ein externes Unternehmen, einen sogenannten ISV, beauftragen. Bestimmte Tmall-Partner (TP) bieten dies sogar als Dienstleistung an, die extra bezahlt werden muss. Wir werden in Kapitel 4 auf die verschiedenen Arten von TPs eingehen.

生意参谋-Geschäftsanalyse

生意参谋 shēngyì cānmóu (Business Gauge) ist ein kostenloses Basistool für Marken, mit dem diese Daten zu ihrem Geschäft überwachen können. Das Business-Gauge-Produkt zeigt Daten wie Besucherzahlen, Konversionsrate, durchschnittliche Warenkorbgröße und das Ranking im Vergleich zu Wettbewerbern an und ermöglicht es den Geschäftsleitern, die Geschäftsdaten zu analysieren, um geschäftliche Entscheidungen zur Anpassung des Geschäfts zu treffen. Unten sehen Sie einen kleinen Ausschnitt der Datenpunkte, die Sie im Backend sehen können.

Traffic
- Eingetragener Gesamt-Traffic
- Traffic, der umgewandelt wurde
- Welche Art von Traffic

Produkt
- Held-SKU
- SKU mit höchstem Umsatz
- SKU mit niedrigstem Umsatz

Kunde
- Alter, Geschlecht, Einkommen und Standort der Verbraucher
- Verbrauchergruppe mit höchster Konversionsrate

Marketing
- Alimama-Produkt mit höchstem Umsatz
- Marketing-Kampagne

Wettbewerb
- Welche Konkurrenten den Traffic übernehmen
- Das ähnlichste Geschäft zu Ihrem Geschäft in Tmall
- Ihr Rang im Vergleich zu den Wettbewerbern (nach Konversionsrate, Verkehrsaufkommen, GMV)

Bildschirmfoto von 生意参谋 Dashboard

Data Bank

Die Nutzung von Data Bank wird immer häufiger. Marken können ihr eigenes CRM mit den von Data Bank gesammelten Daten kombinieren, um einen ganzheitlicheren Überblick über die Daten einer Marke zu erhalten. Man geht davon aus, dass die Daten an der Plattform haften bleiben, die ihnen die meisten Erkenntnisse bringt. Viele Marken vertrauen darauf, dass Tmall der wichtigste Datenpartner ist. Je mehr Erkenntnisse aus diesem Teil gewonnen werden, desto schwieriger wird es für die Marke, ihn zu verlassen. Die Hürde besteht jedoch darin, dass Data Bank kein leicht zu beherrschendes Produkt ist. Es gibt inzwischen viele ISVs, deren einzige Aufgabe darin besteht, Datenanalysen für eine Marke durchzuführen, und diese können bis zu Hunderttausende von RMB pro Analyse kosten.

Uni-Ausweis

Der große Unterschied zwischen der westlichen Internetlandschaft und der BAT-Welt in China besteht darin, wie stark die Datensysteme zwischen den Apps miteinander verbunden sind. Erinnern Sie sich an unsere Aufschlüsselung von Alibaba in Kap. 1 mit all den verschiedenen Apps, die sich über viele Branchen erstrecken? E-Commerce, Offline-Handel, Bezahlen, Kurzvideos, Reisen und Karten sind alles Branchen, in denen Alibaba tätig ist. Wenn Alibaba das Verhalten eines einzelnen Nutzers über all diese verschiedenen Apps hinweg abbilden kann, hat das Unternehmen eine leistungsstarke Datenbank über diese Nutzer aufgebaut. Da ein Nutzer eine einzige Handynummer benötigt, um sich zu registrieren und die App zu nutzen, ist Alibaba als Ganzes in der Lage, seine Nutzer sehr gut zu kennen. Dies liefert den Marken letztlich ein äußerst genaues Datenprodukt mit äußerst präzisen Profilen der Verbraucher, die sie ansprechen und konvertieren möchten.

In gewisser Weise ist Alibaba eine Kombination aus Google und Amazon. Sein einzigartiges Datenprodukt und die Fähigkeit, seine Nutzer zu verfolgen, versetzen das Unternehmen in eine einzigartige Position gegenüber den anderen riesigen Technologieunternehmen in China. Durch seine Investitionen und Übernahmen im Laufe der Jahre ist es ihm gelungen, ein Unternehmensportfolio aufzubauen, das es mit den entsprechenden Wettbewerbern im Westen aufnehmen kann. Die einzige Frage ist nun, ob die chinesische Regierung zulassen wird, dass solche Datenmonopole in Zukunft noch größer werden.

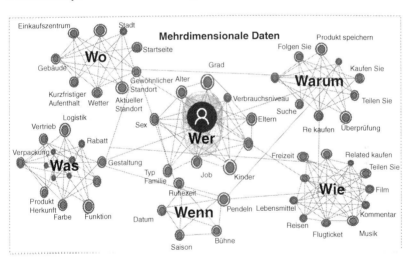

KAPITEL 3

Aufkommende Trends

Der Trend zum Livestreaming

Seit 2019 ist Livestreaming eine der wichtigsten Möglichkeiten für ein Geschäft, seine Follower einzubinden, um einen Verkauf in China zu tätigen. Aber Livestreaming diente nicht immer dem Verkauf von Artikeln. Das Konzept des Livestreamings ist eigentlich nicht neu. Damals ging es vor allem darum, sich mit Fremden im Internet zu unterhalten. Ein Moderator sang oder spielte Gitarre, interagierte mit seiner Fangemeinde und erhielt von den Zuschauern rote Pakete oder 打赏 dá shǎng. Erst 2019 erkannte Taobao Livestream, dass sich die Produkte zwangsläufig ändern mussten, um für das Publikum attraktiver zu werden.

Im Laufe der Jahre hat sich die Art und Weise, wie Produkte angezeigt werden, weiterentwickelt. Wir haben uns von der einfachen Auflistung des Produkts (z. B. auf Craigslist) über einfache Fotos, verschönerte Fotos und kontextbezogene Fotos bis hin zu kurzen Videos, nutzergenerierten Videos, in denen das Produkt in einem realen Raum verwendet wird, und Livestreaming entwickelt. Die Entwicklung ist darauf ausgerichtet, das Produkt dem Verbraucher immer näher zu bringen, denn nur so kann der Online-Verkauf mit dem Erlebnis eines Offline-Geschäfts mithalten.

Das erste Mal, dass ich einen Livestream gemacht habe, war 2017, als ich einen chinesischen Rap-Star, Jackson Wang, nach LA begleitete, um die American Music Awards zu besuchen. Wir haben während des Livestreams einige Produkte platziert, damit unser Prominenter mit ihnen interagieren konnte, aber das war alles nichts im Vergleich zu den Direktverkaufsshows, die jetzt die mobilen Bildschirme von Taobao dominieren. Damals hatte sich Livestreaming noch nicht zu dem Live-Verkaufsphänomen entwickelt, das es heute ist. Im Jahr 2017 war es vor allem eine Show, die zur Unterhaltung und zum Markenaufbau diente. Das Jahr 2019 war das Jahr, in dem Livestreaming sich zu einer gängigen Methode für den Online-Verkauf von Produkten in China entwickelte.

Was ist Livestreaming?

Livestreaming ist ein Konzept für den Verkauf oder die Weitergabe von Produkten an Kunden, die aus der Ferne zuschauen, chatten und kaufen können.

Wie sieht ein Livestream-Raum aus?

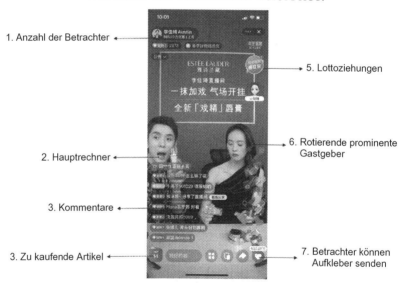

1. Anzahl der Betrachter
2. Hauptrechner
3. Kommentare
3. Zu kaufende Artikel
5. Lottoziehungen
6. Rotierende prominente Gastgeber
7. Betrachter können Aufkleber senden

Screenshot eines Livestream-Raums mit Austin Li

Aufschlüsselung eines Livestream-Raums:

1. Die **Anzahl der Zuschauer** wird oben angezeigt. Beachten Sie jedoch, dass diese Zahl die Gesamtzahl der Zuschauer ist, die zugeschaut haben, und nicht die aktuelle Anzahl der Personen, die sich gerade in dem Raum befinden. Dies war ein psychologischer Mechanismus, den das Taobao-Produktteam hier eingebaut hat, da die Zuschauer sich nur in Räumen mit einer sehr hohen Zahl aufhalten wollen, anstatt in einem Raum zu sein, in dem sich nur ein weiterer Zuschauer befindet. Auch wenn Sie hier eine sehr große Zahl sehen, kann es sein, dass nur ein einziger anderer Betrachter mit Ihnen in dem Raum ist. Das werden Sie nie erfahren.
2. Der **Hauptmoderator** befindet sich in der Regel auf der linken Seite, da die Augen des Betrachters in der Regel von links nach rechts blicken, wenn er über einen Bildschirm liest. Der Körper des Hauptmoderators befindet sich auch direkt über den Links zu den Produkten, um den Betrachter dazu zu bringen, die Links leichter anzuklicken.
3. Im Laufe der Livestream-Sitzung gehen **Kommentare** ein, die in Echtzeit getippt und gesendet werden, in der Regel mit Fragen zum Produkt oder zur Verwendung des Produkts.
4. **Die zu kaufenden Artikel** werden in einen allgemeinen Pool oder einen großen Einkaufswagen gelegt. Nachdem die Moderatorin über ein Produkt gesprochen hat, legt sie es in den allgemeinen Pool, damit die Zuschauer es kaufen können. Die Zuschauer können dann durch die Gesamtzahl der Produkte blättern und jederzeit auf die Produkte klicken, über die bereits gesprochen wurde.
5. **Mechanismus für Engagement,** wenn die Zuschauer inaktiv sind: Um das Engagement aufrechtzuerhalten, kann der Moderator eine Lotterie veranstalten, bei der ein bestimmter Gegenstand kostenlos verlost wird, wodurch das Erlebnis spielerisch gestaltet wird.
6. Die richtige Platzierung ist in der Regel für einen **Gastauftritt,** entweder durch den „Helfer" des Gastgebers oder durch einen Prominenten, der die Besucherzahl des Livestream-Raums erhöhen wird.
7. **Likes**: Die Zuschauer können darauf klicken, um die Anzahl der „Herzen" oder „Likes" zu erhöhen. Dadurch wird auch der Engagement-Wert des Raums algorithmisch erhöht, um den Raum im Haupt-Livestream-Tab höher zu platzieren.

Es gibt einige klare Unterschiede, die **Livestreaming zur ultimativen Verkaufsmethode** machen:

1. Live: Livestreams sind sehr intime Veranstaltungen, bei denen eine lebende Person direkt in die Kamera spricht, und zwar just in time für den Verbraucher. In der Regel handelt es sich dabei um eine charismatische, lustige oder interessante Person, die mit einem Produkt in Verbindung gebracht wird, was die Lebendigkeit eines Produkts erhöht. Im E-Commerce hat sich die Produktpräsentation von einem Standfoto über Bewertungen bis hin zu einem aufgezeichneten Video entwickelt. Es ist nur natürlich, dass ein Live-Video ein intensiveres Erlebnis für den Verbraucher bietet.
2. Interaktiv: Jederzeit kann ein Verbraucher eine Frage stellen oder einen Kommentar abgeben, der in Echtzeit für alle Zuschauer und den Moderator angezeigt wird. Der Moderator kann dann live auf den Kommentar eingehen und die Frage vor allen Zuschauern beantworten. Dies ist ein neues Element der Verbindung zwischen einem Zuschauer und dem Moderator, da beide Parteien intensiver mit dem Produkt interagieren.
3. Kuratierung: Beliebte Livestreamer werden ständig von Hunderttausenden von Händlern angesprochen, um ihre Produkte zu verkaufen, so dass ihre Teams viele Produkte in der gleichen Kategorie getestet haben, um wirklich zu wissen, welches Produkt überlegen ist. In einer Livestream-Sitzung werden die Produkte also auf Qualität geprüft. Der Livestreamer ist derjenige, der für den Kundendienst nach dem Kauf verantwortlich ist. Wenn er/sie also ein schlechtes Produkt mit Qualitätsproblemen ausgewählt hat, muss er/sie entschuldigend mit den Konsequenzen umgehen.
4. Der Preis: Was wird einen Verbraucher dazu bewegen, etwas während einer Livestream-Sitzung zu kaufen, im Gegensatz zu einer anderen Tageszeit? Ein Flash-Sale garantiert, dass der Preis für einen kurzen Zeitraum gesenkt wird, so dass der Verbraucher ein größeres Bedürfnis verspürt, das Produkt sofort zu kaufen. Die Preise für bestimmte Produkte sind in ihrem Livestream-Raum am günstigsten, wenn das Produkt im Angebot ist. Dies macht Livestreamer extrem

mächtig, da preissensible Verbraucher nach und nach alle in ihren Livestream-Raum strömen, was die Zahl ihrer Follower noch weiter in die Höhe treibt.

Geschichte des Livestreamings

Der Akt des Livestreamings selbst ist eigentlich eine alte Kunstform, denn den QVC-Kanal gibt es im Westen schon seit 1986! Aber warum war dieses Phänomen so kurzlebig? Die Innovation, die China versehentlich in Richtung Livestreaming gemacht hat, ist die Schaffung einer nahtlosen Benutzererfahrung für den Käufer, um zu kaufen, ohne ein Telefon anzurufen und eine Kreditkarte einzugeben, und sie zielten auf eine viel jüngere Zielgruppe ab, im Gegensatz zu QVC, das auf Menschen mittleren Alters bis hin zu Senioren ausgerichtet war.

Westen: Der Westen begann mit QVC als Top-Einkaufskanal mit Zuschauern, die sich ähnlich wie die heutigen Zuschauer für Livestream-Sendungen einschalteten. Der nächste große Vorstoß in das Livestreaming im Westen wurde größtenteils von Twitch unternommen, das mit dem Streaming von Gamern begann, die eine einzigartige Nutzerschaft anzogen. Periscope wurde 2014 gegründet, um vor allem Videos in Echtzeit zu zeigen, und zog eine Gruppe von Nutzern an, bevor es später von Twitter übernommen wurde. Facebook Live begann 2015 mit seiner Live-Präsenz, bevor es die Funktion auch für Instagram einführte. YouTube Live wurde 2017 eingeführt, um Youtubern eine engere Verbindung zu ihren Fans zu ermöglichen. Und schließlich begann LinkedIn Live mit seinen Live-Events pünktlich zu Covid, als die Welt ihre persönlichen Networking-Konferenzen einstellte.

China: Die Dinge begannen ein wenig anders. Viele kleine Apps sind entstanden und wieder verschwunden, und es ist heute schwierig, eine Dokumentation zu finden. Ein bemerkenswerter Überlebender, der im Livestreaming-Bereich immer noch ziemlich stark ist, ist YiZhibo. Ursprünglich begann es als soziales Netzwerk, das Moderatoren mit anderen untätigen Nutzern verband. Die Moderatoren erhielten Kommentare und Sticker, die die Zuschauer im Gegenzug dafür kauften, dass der Moderator eine Melodie summte, ein Lied sang, einen Witz erzählte oder das

Publikum einfach unterhielt. Momo, ursprünglich eine Dating-App, ähnlich dem westlichen Tinder, begann 2015 mit dem Livestreaming. Taobao Live begann 2017 ebenfalls ohne die strukturierte Art des Verkaufs, die es heute hat. Erst als die ersten Moderatorinnen und Moderatoren zu Taobao kamen und kleine Erfolge beim Verkauf von Produkten hatten, folgten Douyin und Kuaishou diesem Beispiel.

Man hat sich gefragt, was es mit dem Livestreaming auf sich hat, das in China explosionsartig gewachsen ist. Wenn wir uns auf das Goldene Dreieck von Mensch, Produkt und Raum beziehen, werden wir feststellen, dass es einen Unterschied zwischen der Interaktion von Mensch und Produkt gibt. Eine natürliche Entwicklung im E-Commerce besteht darin, das Produkt näher an den Verbraucher zu bringen. Ursprünglich handelte es sich um eine Produktauflistung, die sich später zu Fotos, dann zu Produktbewertungen in Wortform, Produktvideos, Fotobewertungen und Videobewertungen entwickelte. Der logische nächste Schritt ist die Präsentation des Produkts in Echtzeit direkt beim Kunden, wenn nur noch ein Bildschirm zwischen dem Verkäufer und dem Kunden per Livestream vorhanden ist. Die große Frage ist nun, was kann nach dem Livestreaming kommen?

In der letzten Double-11-Kampagne waren drei Livestreamer in Bezug auf die Menge der verkauften Produkte am erfolgreichsten: Viya, Austin Li und Cherie. Ihre Verkäufe summierten sich während Double 11 auf insgesamt 1 Milliarde USD, was mehr ist als bei vielen großen Marken auf der Plattform.

3 AUFKOMMENDE TRENDS   83

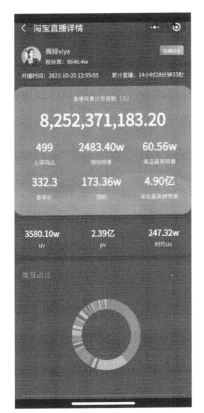 

Taobao Livestream Dashboard-Bildschirme von Viya und Austin während Double 11 2021

Die Kosten für die Erwähnung eines Produkts für die Marke durch einen dieser KOLs (Stand: März 2021) belaufen sich auf rund 40.000 RMB plus einer Provision von 10 %.

Beispiel: Für ein Produkt, das 100 RMB kostet und von dem 10.000 Stück verkauft werden, muss die Marke 140.000 RMB für eine zweiminütige Erwähnung ihres Produkts während einer Livestream-Sitzung zahlen:

$$40.000\,\text{RMB} + (100\,\text{RMB} \times 10.000 \times 0{,}1) = 140.000\,\text{RMB}\,(\approx 21.000\,\text{USD})$$

Ein KOL stellt in der Regel etwa 80 Produkte pro Abend vor. Multipliziert man diese beiden Zahlen miteinander, so verdienen diese KOLs pro Abend etwa 1 Million USD, wenn sie vier Stunden lang am Stück sprechen, was der durchschnittlichen Länge einer Livestream-Show entspricht. Da Hunderttausende von Händlern ihre Produkte an diese KOLs schicken, ist der Wettbewerb um einen Vertrag sehr hart. Manchmal entscheiden sich die Marken dafür, mit Verlust zu verkaufen oder keinen Gewinn zu erzielen, nur um mit ihrem Produkt bekannt zu werden. Lokale und globale Unternehmen haben neue Produkte direkt in diesen Livestream-Räumen auf den Markt gebracht, wo jedes Hineinklicken aufgezeichnet werden kann. Die Marken haben festgestellt, dass dies eine viel bessere Investitionsrendite bringt als die Ausgabe großer Geldsummen für Werbetafeln in stark frequentierten Gebieten, ohne einen digitalen Fußabdruck der Personen, die an dem Schild vorbeigegangen sind, oder eine Nachverfolgung, ob die Person das Produkt gekauft hat oder nicht.

Warum ist der Aufstieg der KOLs so wichtig?

Da der E-Commerce von Natur aus sehr agil ist, stellt der Aufstieg der KOLs eine erhebliche Bedrohung für die Plattformen dar. Während früher die Plattform die meiste Macht bei der Entscheidung hatte, welche Produkte in den Verkauf gehen können oder welche Produkte mehr Traffic als andere bekommen, sieht der E-Commerce mit dem Aufkommen von KOLs und Livestreaming und dem aufkeimenden Erfolg dieser drei Top-Livestreamer eine Verschiebung der Macht der Preiskontrolle. Wenn ein Produkt nicht preisgünstig genug ist, wird es möglicherweise nicht für einen Platz in einer Livestream-Show ausgewählt, so dass das Produkt nicht mehr verkauft werden kann. Auf diese Weise haben die KOLs immer mehr Einfluss auf ein Produkt – vom Preis über die Marketingbotschaft bis hin zur Verpackung. Da das Feedback für jedes Produkt in einem Live-Format erfolgt, werden Marken KOLs und Livestream-Räume auch als verlässliche Marktforschung nutzen. KOLs werden dann zu einem einheitlichen Service für Forschung und Verkauf für Marken. Wenn ein KOL durch fortlaufende Sitzungen genügend Marken und Kunden sammeln kann, ist es sehr wahrscheinlich, dass KOLs eine Plattform verlassen und ihre eigenen Plattformen gründen können, wenn sie dies wünschen.

Entwicklung des Livestreamings

Inzwischen gibt es drei große Livestreaming-Plattformen: Douyin, Kuaishou und Taobao Live, in aufsteigender Reihenfolge des Transaktionsvolumens auf jeder Plattform. Ich bin oft gefragt worden, warum es für westliche Märkte so schwer ist, diesen Erfolg zu wiederholen. Der Grund liegt in der Fähigkeit der Plattformen, ihre Kräfte zu koordinieren und gemeinsam einen Trend in Gang zu setzen.

Bei der Gründung von Taobao Live wurden drei große Ziele verfolgt. Erstens, die Schaffung von 100.000 播主 bō zhǔ oder KOLs mit monatlichen Einnahmen von mehr als 10.000 RMB. Zweitens: Schaffung von 100 MCN-Organisationen mit einem Jahresumsatz von mehr als 100 Millionen RMB. Drittens: Freigabe von Ressourcenpaketen im Gesamtwert von mehr als 50 Milliarden RMB. Der letzte Punkt ist der Hauptgrund dafür, dass sich Livestreaming durchsetzen konnte. Ich meine, wie kann sich ein Trend in der realen Welt durchsetzen? Tik Tok? Ice Bucket Challenge? Hashtagging? Man braucht Größe. Und damit sich ein Trend ausbreiten kann, braucht man einen Anreiz für die Nutzer, damit die Nutzerbasis wächst. Daher haben die Mitarbeiter von Tmall zunächst Anreize für Händler geschaffen, mit dem Livestreaming zu beginnen, und zwar durch die Bereitstellung von „zusätzlichen" Ressourcen. Dinge wie ein zusätzlicher roter Button, der auf Kampagnenseiten blinkt, oder ein permanenter Kanal, der dem Livestreaming gewidmet ist, oder erhöhter Traffic für Händler, die Livestreaming betreiben, sind alles Möglichkeiten, mit denen die Plattform Händler dazu anregt, mit Livestreaming zu beginnen. Sobald eine gewisse Masse erreicht war, erkannten die Händler, die sich nicht an dieser Aktivität beteiligten, dass ein Großteil des heute getätigten GMV über die Livestreaming-Plattform abgewickelt wurde, was sie dazu veranlasste, ebenfalls mit Livestreaming zu beginnen.

Inzwischen streamen etwa 90 % der Händler wöchentlich per Livestream, darunter große Marken wie Estee Lauder, Huawei, Lancome, Haier, Xiaomi, Loreal, Shiseido und La mer. Die wichtigsten Kategorien für Livestreaming sind Schmuck, Schönheit und Mode. Schmuck z. B. ist eine erstklassige Kategorie für Livestreaming, da er in der Regel recht hochpreisig ist und sich normalerweise nicht für den E-Commerce eignet, sondern nur für den Offline-Kauf. Dank Livestreaming können Schmuckmarken jedoch die Geschichte hinter einer bestimmten Art von Stein erzählen und das Produkt mit viel mehr Tiefe darstellen, als es ein Standfoto im E-Commerce tun würde.

Das aktuelle Zuschauerprofil für Livestreaming ist zu 75 % weiblich, in den 1990er-Jahren geboren, hauptsächlich in Städten der Stufen 2 bis 6. Früher war Livestreaming etwas, auf das die Menschen in den Städten der Stufe 1 herabblickten. Ich habe viele Freunde gehört, die sich damals fragten, warum in aller Welt jemand die Zeit hat, jemandem zuzuschauen, wie er endlos über ein Produkt spricht, anstatt einfach selbst die Entscheidung zu treffen, etwas zu kaufen. Ein paar Jahre später begann genau dieselbe Gruppe von Menschen, selbst Livestreams zu schauen.

Top-Kategorien in Livestream-Räumen Taobao Livestream Report 2020

Andere Kategorien, in denen das Livestreaming deutlich zugenommen hat, sind Autos, Möbel, Wein, Musikinstrumente, Spiele, Heimwerker-PCs, Haustiere, Sammlerstücke und Klaviere, um nur einige zu nennen. Die meisten dieser Kategorien sind auf ein männliches Segment ausgerichtet, und diese Gruppe ist definitiv auf dem Vormarsch, um auch eine Gewohnheit zum Ansehen von Livestreams zu entwickeln.

Heute hat sich Livestreaming zu mehr entwickelt als nur Verkauf. Es ist eine Quelle der Unterhaltung und des Stressabbaus geworden, ein ASMR (Autonomous Sensory Meridian Response), wenn man so will. Ähnlich wie jemand, der wegen der beruhigenden Stimme eines Moderators regelmäßig einen Radiosender einschaltet, werden sich die Zuschauer regelmäßig in einen Livestream-Raum einschalten, um ihren Lieblingsmoderatoren zuzuhören und zuzusehen. Aufgrund des optimalen Preisniveaus, das die Moderatoren bieten, schaue ich persönlich regelmäßig auf bestimmten Kanälen vorbei, um zu sehen, ob es etwas zu ergattern gibt. Ich habe auch festgestellt, dass ich immer mehr neue Marken ausprobiere, die ich sonst nicht entdeckt oder ausprobiert hätte. Es ist ein Punkt erreicht, an dem Offline- und Online-Werbung für mich immer weniger funktioniert, um mich als Nutzer erfolgreich zu konvertieren. Wenn mir stattdessen mein Lieblings-Livestream-Moderator von einer neuen Marke oder einem neuen Produkt erzählt, ist die Wahrscheinlichkeit, dass ich etwas kaufe, viel höher.

Livestreaming hat sich auch dahingehend entwickelt, dass KI-Roboter als Livestream-Moderatoren eingesetzt werden. Während menschliche Arbeiter Essen und Schlaf brauchen und dadurch während einer Livestream-Sitzung eine Pause einlegen müssen, brauchen Roboter diese Dinge nicht und können eine Livestream-Sitzung kontinuierlich fortsetzen, wenn sie mit genügend Inhalten gefüttert werden.

Auch Offline-Geschäfte haben mit dem Livestreaming begonnen. Tierhandlungen haben eine der höchsten Zuschauerzahlen. Die Zuschauer geben an, dass es sie beruhigt, wenn sie die süßen Welpen herumlaufen sehen. Livestreaming von Reisen wurde während des Covid sehr populär, da es für chinesische Touristen nicht mehr bequem ist, ins Ausland zu reisen. Fliggy, die Reiseabteilung von Alibaba, ging eine Partnerschaft mit dem Louvre-Museum ein und ermöglichte eine Livestream-Tour durch den Louvre. Schließlich wurde Livestreaming auf dem Land oder Livestream zur Rückverfolgbarkeit populär, da das Bedürfnis der Verbraucher nach Transparenz stieg. Bauernhöfe wurden z. B. per Livestream übertragen, um zu zeigen, auf welcher Obstplantage ein Apfel gepflückt oder welche Kuh für die Herstellung bestimmter Milchprodukte gemolken wurde.

Screenshot eines Livestream-Raums mit einem KI-Livestreamer

Livestreaming während Covid

Ein weiterer Grund für die beschleunigte Einführung von Livestreaming war vielleicht die Covid-Krise. Während des Einschlusses wollten die Verbraucher zu Hause immer noch einkaufen und brauchten Lebensmittel. Livestreaming ermöglichte es ihnen, das Produkt zu sehen und zu fühlen, ohne physisch vor Ort zu sein. Selbst als Einkaufszentren eröffnet wurden, hatten die Verbraucher Angst, wieder nach draußen zu gehen. Da die Geschäfte jedoch Livestreaming-Räume in den Etagen der Einzelhandelsflächen eingerichtet hatten, konnten sie nicht nur ungenutztes Inventar nutzen, sondern auch Persönlichkeit in ein ansonsten lebloses Geschäft bringen. Intime ist ein Einkaufszentrum im Besitz von Alibaba und war eines der ersten stationären Geschäfte, das es seinen 5000 Mitarbeitern ermöglichte, Livestream-Sitzungen mit jedem Schalter zu eröffnen. Da die Besucherzahlen geringer als üblich waren, waren die Mitarbeiter untätig. Daher wurden einige zum Livestreaming und andere zum Verpacken von Bestellungen aufgefordert. Da der Livestream-Kanal von Intime direkt mit dem Tmall-Shop von Intime verbunden war, wurde für jede online verkaufte Bestellung Inventar von einem bestimmten Offline-Standort entnommen.

Dora Vija

Heute ist Viya, oder wie sie sich selbst nennt Dora Viya (benannt nach dem japanischen Zeichentrickfilm Doraemon), die größte Livestreamerin in China im Jahr 2021. Sie hat sich nach Doraemon benannt, um dessen Fähigkeit zu imitieren, alles in der Wohnung zu teilen, von den Bodenfliesen über Kleidung bis hin zum Essen (Doraemon war eine Katze, die einen grenzenlosen Beutel hatte, aus dem sie magische Gegenstände zog). Sie und ihr Mann verkauften alles, was sie besaßen, um ihr Bekleidungsgeschäft weiterzuführen, bis sie gezwungen waren, es zu schließen.

Heute bietet sie Livestreams zu allen Arten von Produktkategorien an und verspricht den besten Preis, wodurch sie ein neues Marketinginstrument innerhalb des Taobao-Ökosystems geschaffen hat. Sie hat ein Team von 200 Mitarbeitern, die jedes einzelne Produkt in jeder Produktkategorie von Hand auswählen. Aufgrund ihrer Popularität und ihrer Fähigkeit, neuen Marken Vertrauen zu schenken, schicken viele Händler ihrem Team kostenlose Proben. Das Team ordnet dann jedes Produkt nach Produktkategorie und Marke und beginnt mit Produkttests. Dazu gehören QA-Tests, Geschmackstests, Tests zur Benutzerfreundlichkeit und die Entwicklung einer gründlichen und abgerundeten Bewertung für jedes Produkt.

Viya selbst wählt dann das am besten bewertete Produkt aus und verwendet es zur Überprüfung selbst. Wenn sie also eine bestimmte Marke für eine bestimmte Produktkategorie vorstellt, hat sie das Produkt bereits selbst benutzt und verkauft nicht blind etwas, weil der Händler sie finanziell besser entlohnt hat. Die Glaubwürdigkeit von Livestreamern beruht fest auf dem Vertrauen ihrer Zuschauer. Wenn eine Produktvorführung schief geht, werden ihre Zuschauer die Nachricht mit Sicherheit aufnehmen und an andere Fans weitergeben, was sich später zu einem katastrophalen PR-Ereignis auswachsen wird, das ihrer Marke schadet. Dies wird gewöhnlich als „翻车" oder „das Auto ist umgekippt" bezeichnet.

Ein weiteres einzigartiges Element ihres Livestream-Raums ist ihr berühmt-berüchtigter Countdown von „5, 4, 3, 2 ... 1" Während einer tatsächlichen Show lädt Viya jeden Produktlink einzeln hoch, anstatt alle auf einmal. In einer Nacht kann es passieren, dass sie insgesamt 200 Produkte hochlädt. Die Überraschung und das Rätselraten über das, was kommen wird, ist ihre Art, die Zuschauer einzuladen, wieder in ihren Raum zu kommen, wenn sie den Raum als ziemlich langweilig empfinden oder wenn sie finden, dass sie über ein Produkt spricht, das für sie irrelevant ist. Die Countdowns sollen dem Verbraucher signalisieren, dass er kaufen soll. Da der Bestand jedes Produkts auf einer bestimmten Menge gehalten wird, können Produkte leicht ausverkauft sein, wenn die Verbraucher „zu langsam" sind, um zu kaufen. Ihr Countdown erhöht nicht nur den Adrenalinspiegel, sondern zwingt die Verbraucher, ohne nachzudenken zu handeln und sofort zu kaufen.

Jetzt ist Viya kurz davor, ein ähnliches System wie eine „Talkshow" zu betreiben. Sie beginnt um 20 Uhr während der „Golden Hour" oder der Stunde mit dem höchsten Traffic für die App. Das ist in China normalerweise die Zeit, in der die Angestellten Feierabend haben und die Familien mit dem Abendessen fertig sind – eine perfekte Zeit für den Konsumrausch. Aufgrund ihrer Beständigkeit in Bezug auf Sendezeit und Zeitplan werden die Verbraucher auch täglich in ihrem Zimmer nachsehen, ob es etwas zu „holen" gibt. Wie bereits erwähnt, ist die wahrscheinlich wichtigste Forderung des Teams der Preis, zu dem das Produkt verkauft werden soll. Sie werden wahrscheinlich verlangen, dass der Artikel zum Preis von Double 11 (normalerweise der beste Preis des Jahres) oder zum niedrigsten Preis des Jahres angeboten wird.

Austin Li

Ursprünglich verkaufte Austin Li Lippenstifte an einer Make-up-Theke im ersten Stock eines Kaufhauses und verfügte über Verkaufsfähigkeiten, die für seine Rolle als Livestreamer vor Tausenden von Fans bestens geeignet waren. Austin Li konnte als Mann Lippenstift an Frauen verkaufen, was in China schon eine Seltenheit ist, und hatte eine extravagante Stimme, die die Aufmerksamkeit vieler Frauen auf sich zog. Ursprünglich war Austin speziell auf Kosmetika spezialisiert und hatte eine treue Nischenfangemeinde. Mit der Häufigkeit der neuen Produkte, die in der Schönheitsbranche auf den Markt kommen, hatte Austin während seiner „Shows" viel zu erzählen. So wie alle KOLs mit einer Nischenkategorie beginnen, werden sie sich später auf andere Kategorien ausweiten, wenn ihr Publikum groß genug ist. Schließlich kauft eine Frau vielleicht eines Tages einen Lippenstift, aber sie braucht nicht jeden Tag einen neuen. Um für seine Kunden täglich relevant zu bleiben, hat er sich auf andere Kategorien wie Lebensmittel und Haushaltswaren ausgeweitet, um die Käufe zu steigern.

Berühmte Persönlichkeiten

Um den Raum noch festlicher zu gestalten, wird Viya das ganze Jahr über prominente Gäste einladen, um die Besucherzahlen zu erhöhen und neue Follower zu gewinnen. Viele Prominente haben das Livestreaming inzwischen ausprobiert, wenn nicht gar dauerhaft übernommen. Diejenigen, die es noch nicht ausprobiert haben, werden stark nachgefragt, in einen Livestream-Raum zu kommen, um zu sehen, wie sie sich bewähren.

Livestreaming in der Zukunft

Viya und Austin sind nur zwei Beispiele für erfolgreiche Livestreamer auf der Plattform. Ihr Ruhm ist zwar groß, wird aber nicht ewig anhalten. Der Beitrag, den sie geleistet haben, ist jedoch die Art und Weise, wie sie mit Marken zusammenarbeiten. Da die Plattform Marken dazu ermutigt hat, direkt in ihren Räumen zu streamen, sage ich voraus, dass die Livestreaming-Szene letztendlich sehr fragmentiert sein wird, mit Zuschauern, die sich an die Art von KOL halten, die sie gerne sehen.

Neuer Einzelhandel

Im Jahr 2016 prägte Jack Ma einen neuen Begriff, der den Online- und Offline-Handel vereint. Vereinfacht ausgedrückt handelt es sich um die Synchronisierung von Offline- und Online-Ressourcen. Insbesondere bei Produkten, Mitgliedschaft, Marketing und Service.

Das vielleicht häufigste Szenario für den neuen Einzelhandel ist die Modebranche, da diese Branche durch eine neue digitale Strategie wirklich neu definiert wurde. Nehmen wir z. B. Uniqlo. Uniqlo ermöglicht es seinen Tmall-Kunden, in der App einzukaufen, bevor sie in ein physisches

Geschäft kommen, und die Ware im Geschäft abzuholen. Da die Größen und Formen bei Uniqlo ziemlich standardisiert sind, handelt es sich bei den Kunden in der Regel um Wiederholungskäufer, die eine gute Vorstellung von ihrer Größe haben. Sie bestellen den Artikel vor, ein Mitarbeiter packt die Bestellung ein, und der Kunde kann die Ware direkt abholen, ohne sie anzuprobieren. Das ist sehr praktisch für Kunden, die unter Zeitdruck stehen und nicht durch den ganzen Laden laufen möchten, nur um ein einfaches Kleidungsstück abzuholen. Die Abholung im Geschäft wurde noch nicht vollständig auf andere Marken übertragen, wird aber als Basisdienstleistung für künftige stationäre Geschäfte angesehen.

Bei Hotwind beispielsweise, einem Fast-Fashion-Schuhgeschäft, ist der einzigartige Service die Omnichannel-Rückgabe. Da das Schwierigste beim Online-Schuhverkauf die Passform ist, kommt es sehr häufig vor, dass der Verbraucher eine falsche Größe gewählt hat und einen Umtausch benötigt. Anstatt den Kunden zu bitten, die alte Online-Bestellung komplett zurückzuschicken und dann auf eine neue Online-Bestellung zu warten, ist es bequemer, den Kunden die Möglichkeit zu geben, ihr schlecht sitzendes Paar Schuhe in den Laden zu bringen, um es dort direkt gegen ein neues Paar in der richtigen Größe einzutauschen.

Die folgende Tabelle unterteilt viele Omnichannel-Funktionen in vier Hauptsäulen: Produkt, Service, Mitgliedschaft und Marketing, die „Ressourcen", die synchronisiert werden müssen.

Ressource	*Funktion*
Produkt	Scannen und Überprüfen
	Scannen und für später speichern
	Cloud-Inventar
	Lieferung nach Filiale
Service	Rückgabe
	Abholung im Geschäft
	Abonnement
Mitgliedschaft	Mitgliedskarte
	Belohnungen
	Personalisierte Interaktion mit Mitgliedern
Marketing	Vorteile der Mitgliedschaft
	Gutscheine

Schauen wir uns jede Säule im Detail an.

Produkt: Bei der Betrachtung des Produkts verschwimmt die Unterscheidung zwischen „Offline"-SKUs und „Online"-SKUs. Stattdessen wird eine Marke gemeinsame SKUs haben und einfach eine Möglichkeit, zu wissen, über welchen Kanal ein Produkt verkauft wurde. Vor der Synchronisierung wurden separate Lagerbestände für Online- und Offline-Kanäle geführt.

Service: Mit Service meinen wir die gleiche Art von Dienstleistung, die man bei der Interaktion mit der Marke online oder offline erhalten kann. Wenn wir z. B. in einem Offline-Geschäft einen sehr persönlichen Service erhalten, weil der Verkäufer den Kunden beim Vornamen kennt, können wir dann etwas Ähnliches auch online nachbilden? Vielleicht kann man sogar noch einen Schritt weiter gehen und Produkte anzeigen oder empfehlen, die auf den Kunden zugeschnitten sind.

Mitgliedschaft: Wir alle hatten schon Mitgliedschaftsprogramme, für die wir uns angemeldet und die wir nicht genutzt haben. Manche sind bezahlt, andere unbezahlt. Normalerweise ist ein Mitgliedschaftsprogramm für eine Marke von ihrem Online- und Offline-Arm getrennt. Im Laufe der Jahre wurden Programme für den Online-Handel und den physischen Laden einer Marke synchronisiert, aber ist es auch möglich, einen anderen Kanal wie den Flagship-Store der Marke auf einer Plattform zu synchronisieren? Wie können wir den Mitgliedern sowohl online als auch offline den gleichen Service bieten? Dies sind die Fragen, die wir berücksichtigen, wenn wir das Mitgliedschaftsprogramm einer Marke synchronisieren.

Marketing: Schließlich kann auch das Marketing in Form von Rabatten und Gutscheinen integriert werden. Warum sind beispielsweise manche Gutscheine nur online und manche nur offline nutzbar? Wäre es möglich, die beiden Kanäle zu vereinen und sie interoperabel zu machen? Wenn ich einen Online-Gutschein in meiner E-Mail erhalte, möchte ich das Produkt vielleicht persönlich in einem Ladengeschäft ausprobieren. In diesem Fall muss die Säule des Marketings als Ressource synchronisiert werden.

Der Kampf zwischen Online und Offline

Schanghai 2004
„Warum sollten wir jemals ein Tmall-Geschäft eröffnen?", sagte der China-Chef von H&M. „Wir haben bereits physische Läden und wenn wir online sind, können wir immer noch unser eigenes Online-System aufbauen!"
„Es ist interoperabel. Du wirst sehen!" sagte Magnus.

Dies ist ein klassischer Kampf innerhalb eines Markenteams. Die Gruppe, die für die physischen Läden zuständig ist, wird sich immer einen Kampf mit dem Online-Team liefern, weil sie denkt, dass ein Kanal den anderen kannibalisieren wird. Aber sie wissen kaum, welche Vorteile eine Online-Präsenz hat, insbesondere auf einer verkehrsreichen Plattform wie Tmall. Aus diesem Grund haben verschiedene traditionelle Offline-Einzelhändler und -Restaurants ihr Geschäft auf Tmall eröffnet. Chayan ist ein sehr beliebter Bubble-Tea-Laden in Changsha, Hunan in China. Die Warteschlangen vor dem Laden reichen in der Regel bis zu einer Stunde lang. Da die Nachfrage größer ist als das Angebot, lässt die Marke ihre Kunden mit viel mehr Wünschen zurück, als sie auf ihren Reisen in Changsha bekommen können. Die Eröffnung des Tmall-Online-Shops ermöglicht es einer geografisch begrenzten Marke, landesweit präsent zu sein. Obwohl der frische Tee nicht online verkauft wird, sind die verpackten Teepakete und andere Waren der Marke ebenso beliebt. Kürzlich erreichte Chayan bei den Double 11 2021 Pre-Sale-Tagen die Top 3 in der Kategorie Tees.

Ein großer Teil des Viya-Verkaufs hat sich inzwischen von Produkten zu Erlebnissen wie dem Verkauf von Essensgutscheinen oder Coupons entwickelt. Alle großen Offline-Restaurants haben ihre Tmall-Geschäfte eröffnet oder erwägen die Eröffnung eines solchen. Manche Leute mögen das seltsam finden. Was hat ein Restaurant auf einer E-Commerce-Plattform zu suchen? Was ist, wenn man als Verbraucher die gute Erfahrung, die man mit dem Restaurant gemacht hat, zu Hause fortsetzen möchte? Ist der physische Standort schwer zu erreichen? Wenn das Restaurant in der Lage ist, sich einem größeren Publikum wie einer nationalen E-Commerce-Plattform zu öffnen, ist es rund um die Uhr erreichbar und kann von seinen Fans besucht werden.

Hema: Der ultimative Supermarkt

Arbeiter in babyblauen T-Shirts laufen im Laden hin und her, einer hebt ein paar Karotten auf, ein anderer hält eine Wassermelone in der Hand. Sie sind die Kommissionierer, deren Hauptaufgabe es ist, neue Gemüsekisten auszupacken und in die Regale zu stellen, aber in Leerlaufzeiten erfüllen sie Bestellungen, die von der Online-Website kommen. In der Mitte des Geländes steht ein großes Aquarium mit bunten Fischen, unruhigen Garnelen und krabbelnden Hummern, die gerade nach einer gut gekühlten Reise über den Atlantik aus Boston angekommen sind. Mütter schieben Einkaufswagen durch den Bereich für Fertiggerichte und schlürfen den letzten Rest Suppe aus einem Xiaolongbao-Brötchen, einer neuen Marke, die gerade auf den Markt gekommen ist und sich auf Tmall gut verkauft. Sie hatten die Marke bereits im Internet gesehen, und nachdem sie sie im Supermarkt probiert hatten, beschlossen einige in ihren Einkaufswagen zu packen.

Das ist Hema, der Supermarkt, der die Frische in den Vordergrund stellt, repräsentiert durch ein blaues Nilpferd mit einem überdimensionalen Maul, das zum Tierpark von Alibaba gehört.

Hema Supermarket ist die bekannteste Form des neuen Einzelhandels innerhalb von Alibaba. Hema ist ein stationäres Geschäft, das organisch innerhalb von Alibaba entstanden ist. Die wichtige andere Hälfte des Geschäfts besteht aus einer benutzerfreundlichen Online-App, die zur gleichen Zeit gestartet wurde. Im Gegensatz zu anderen Supermärkten, bei denen das stationäre Geschäft jahrelang existierte, bevor die Online-Version erstellt wurde (und zwar immer mit eingeschränkten Funktionen), sahen die Nutzer von Hema die Online-App als Fernbedienung der Offline-Version an, wobei die meisten Flexibilitäten und speziellen Dienstleistungen des Geschäfts direkt in der App angezeigt werden konnten.

Das vielleicht auffälligste Merkmal war das 30-min-Lieferversprechen. Wenn die Lieferung länger als 30 min dauerte, war die Bestellung kostenlos. Dieses Versprechen führte zu einem explosiven Zuspruch der Verbraucher und war der erste Supermarkt, der die heute akzeptierte Idee des schnellen Handels etablierte. Die Lieferflotte von Hema konnte aufgrund der Nähe des Geschäfts zum Verbraucher so schnell liefern. Der Nachteil war, dass man nicht einmal bei Hema einkaufen konnte, wenn man nicht in einem Umkreis von etwa 3 km wohnte. Man sollte meinen, dass dies zu einem Rückgang der Kunden führen und Raum für die Konkurrenz schaffen würde. Tatsächlich führte es dazu, dass mehr treue Kunden schworen, Häuser in der Nähe von Hema-Standorten zu kaufen oder zu mieten. Die Ansiedlung von Hema-Filialen führte zu einem Anstieg der Immobilienpreise in der Umgebung und wurde zu einem „Komfortmerkmal" für die Bewohner der neuen Stadtteile.

及时配送 Jí Shí Pèi Sòng Just in Time Commerce oder Quick Commerce

Seit der Einführung des Modells von Hema haben Händler in China mit zahlreichen anderen Ideen für eine schnelle Lieferung experimentiert. Kann jedes Geschäft eine 30-minütige Lieferung erreichen? Das hängt von der Flächenpräsenz der Geschäfte ab. Aber kann jedes Geschäft in einem bestimmten Gebiet zumindest eine Lieferung am selben Tag erreichen? Möglicherweise! Es hängt sehr stark davon ab, wie die Produkte dann organisiert werden. Vor ein paar Jahren fügte Taobao seiner Homepage ein neues, dauerhaftes Symbol hinzu (hier gibt es ein Muster: Die Unternehmen, die überlebt haben, d. h. die Experimente, die funktionieren, haben schließlich ein dauerhaftes Symbol auf der Homepage erhalten). Das Symbol „Instant Delivery" steht für eine Gruppe von Produkten, die innerhalb einer Stunde geliefert werden können. Die Verbraucher finden hier vor allem Lebensmittel, aber nach und nach kommen auch andere Kategorien wie Hygiene- und Babyartikel hinzu. Durch die Ausarbeitung eines spezifischen Symbols hat die App die Norm der Lieferzeit für bestimmte Händler angehoben, ähnlich wie Livestreaming und Omnichannel, und wird später zu einem grundlegenden Service für Online-Konsumenten in China werden.

Schneller Handel

Erinnern Sie sich noch an die Zeiten, als die ganze Familie in den Geländewagen sprang, zum örtlichen Supermarkt fuhr und genug Lebensmittel kaufte, um ein kleines Dorf zu ernähren? Diese Zeiten verschwinden allmählich.

Seit Kurzem gibt es ein neues Schlagwort mit dem Namen Quick Commerce. Dahinter steckt die Idee, dass die meisten jungen Verbraucher, die in Beton-Dschungel-Städten leben, wo ihre Wohnungen begrenzt sind, es vorziehen, einen bestimmten Artikel nicht auf Vorrat zu kaufen, sondern ihn stattdessen just in time zu besorgen.

Mit der zunehmenden Verstädterung wächst die Zahl der Klein- und Einpersonenhaushalte rapide an. Dies hat zu einer steigenden Nachfrage nach der Lieferung von Produkten in kleinen Mengen geführt, anstatt viele Artikel in großen Mengen zu einem günstigeren Preis zu kaufen (wie es im traditionellen Handel und im E-Commerce der Fall ist).

Quick-Commerce-Unternehmen tauschen traditionelle, weit außerhalb des Stadtzentrums gelegene Lagerhäuser mit zentral gelegenen Cloud-Stores. Dieser geografische Vorteil ermöglicht es ihnen, mehr Kunden schneller und mit weniger Reibungsverlusten zu erreichen und Waren aus ihren bevorzugten lokalen Geschäften zu liefern.

Die nachstehende Grafik veranschaulicht den schrittweisen Übergang zum schnellen Handel, der sich immer besser an die aktuelle Zusammensetzung einer heutigen Familie anpasst.

Quelle: https://www.deliveryhero.com/blog/quick-commerce/

Die erstaunlichste Erfahrung, die ich mit Quick Commerce gemacht habe, war die mit Luckin Coffee. Ja, diese berühmt-berüchtigte Marke, die einen riesigen PR-Skandal hatte, weil sie ihre Zahlen frisiert hatte, aber ihre Marke und ihr Produkt stehen in China immer noch mit einer konstanten Kaufrate. Ungefähr 10 min nachdem ich meine Bestellung über das WeChat-Miniprogramm aufgegeben hatte, stand ein 蜂鸟 fēng niǎo-Lieferant mit meinem Kaffee vor meiner Tür, und zwar für 12 RMB (das sind etwa 1,8 USD). Manchmal fühle ich mich schuldig und verwöhnt, dass ich einen so schnellen und billigen Service genießen kann, aber wenigstens kann der Zusteller ein paar RMB dazuverdienen. Die meisten fahren mit Elektrofahrrädern, so dass wenigstens die Umwelt nicht darunter leidet!

Ein Buch, das ich sehr genossen habe und das den Quick Commerce auf eine andere Ebene gebracht hat, heißt QualityLand von Marc-Uwe Kling. Das Buch geht davon aus, dass in der Zukunft das Anklicken von Schaltflächen nicht mehr notwendig sein wird, da die Plattform so viele Daten über uns gespeichert haben wird, dass Drohnen uns die Dinge einfach in den Schoß fallen lassen, weil sie in der Lage sind, genau vorherzusagen, was wir kaufen wollen, bevor wir überhaupt aktiv durch die Kaufschritte gehen müssen.

Global tätige Unternehmen wie Foodpanda und Deliveroo haben ebenfalls mit einer ähnlichen Geschäftsexpansion begonnen, nämlich in den Lebensmittelbereich. In einem Gespräch mit einem Mitarbeiter des Logistikteams von Foodpanda wurde mir klar, dass die Logik für diese Art von Unternehmen, in den E-Commerce einzusteigen, perfekt war, da sie bereits Lebensmittel auslieferten. Der nächste Schritt wäre einfach, die Anzahl der Kategorien, die sie abdecken würden, zu erhöhen.

Sheconomy

Der chinesische Markt hat fast 400 Millionen weibliche Verbraucher im Alter zwischen 20 und 60 Jahren, und ihre jährlichen Konsumausgaben belaufen sich auf bis zu 10 Billionen RMB, was in etwa der Summe der Einzelhandelsmärkte von Deutschland, Frankreich und dem Vereinigten Königreich entspricht. Diese Zahl ist ausreichend, um den drittgrößten Verbrauchermarkt der Welt zu bilden.

Das steigende Bildungsniveau in Verbindung mit einer hohen Erwerbsquote hat dazu beigetragen, eine Grundlage für eine größere finanzielle Autonomie zu schaffen. Eine verzögerte Heirat und eine schnell sinkende Geburtenrate bedeuten auch, dass sich die Konsumgewohnheiten der weiblichen Verbraucher deutlich verändern. Die Gleichstellung der Geschlechter ist online zu einem immer wichtigeren Diskussionsthema geworden. Da sich immer mehr Frauen ihrer Rechte bewusst werden und diese offen einfordern, sehen sich Marken mit den Konsequenzen konfrontiert, wenn sie Inhalte erstellen, die als sexistisch angesehen werden, oder wenn sie mit Personen zusammenarbeiten, die als umstritten gelten. Gleichzeitig ist die Nachfrage nach Inhalten, die die Bedürfnisse weiblicher Gemeinschaften befriedigen, stark gestiegen.

Das Unternehmen PurCotton aus Shenzhen hatte ich während meiner Zeit bei Tmall schon mehrmals besucht. Im Jahr 2021 veröffentlichte es eine Anzeige, die im Internet Empörung auslöste. Ein junges Mädchen, das nachts allein spazieren geht, bemerkt, dass sie eine Packung PurCotton-Abschmink-Tücher in ihrer Tasche hat, nimmt sie heraus und beginnt, ihr Make-up abzuwischen. Als ein maskierter Mann seine Hand auf ihre Schulter legt, dreht sie sich um, lächelt ihn mit ungeschminktem Gesicht an und verscheucht ihn. Ein paar Tage später, als die Marke begann, sich im Internet öffentlich zu entschuldigen, hatten die Internetnutzer ein weiteres Problem mit dem Entschuldigungsschreiben, da es angeblich nur einen Satz der Entschuldigung enthielt, gefolgt von einer weiteren Seite mit Auszeichnungen und Erfolgen des Unternehmens. Alles in allem braucht dieses Unternehmen wahrscheinlich ein neues PR-Team.

An dieser Stelle muss ich auch das Wachstum dieses Verbrauchersegments in seiner Bedeutung für die Gesellschaft hervorheben. Da Frauen in dem Land allmählich immer besser ausgebildet sind und ein hohes Einkommen erzielen, sind sie immer weniger von ihren männlichen Kollegen abhängig. Im Jahr 2016 übertraf die Zahl der Frauen in der Hochschulbildung die der Männer: 52,5 % der College-Studenten und 50,6 % der Postgraduate-Studenten. Von 1990 bis 2016 stieg das Durchschnittsalter für die erste Heirat bei chinesischen Frauen von 22 auf 25 Jahre und bei chinesischen Männern von 24 auf 27 Jahre, wie die Chinesische Akademie für Sozialwissenschaften mitteilte. In den Großstädten sind die Zahlen sogar noch höher. In Shanghai beispielsweise lag das Durchschnittsalter für die erste Heirat im Jahr 2015 bei 30 Jahren für Männer und 28 Jahren für Frauen. Da sie weniger Geld für Kinder ausgeben müssen, können sie mehr Geld für sich selbst ausgeben. In allen Bereichen des Lebens, von Essen, Reisen, Fitness, Kursen bis hin zu Erlebnissen.

So haben mehrere Branchen in den Bereichen Körperpflege, Kosmetik und Reisen aufgrund dieser zusätzlichen Kaufkraft einen deutlichen Anstieg verzeichnet. Diese Branchen haben Themen wie Sheconomy aufgegriffen und in ihren Werbekampagnen eingesetzt. Als SK-II 2016 einen Werbespot zum Thema „Leftover Women" veröffentlichte, wurde dieser mit einem Cannes Lion Film ausgezeichnet. Leftover Women" ist ein umgangssprachlicher Begriff in China, der Frauen bezeichnet, die über 30 sind und geringere Heiratschancen haben. Der Werbespot dokumentierte die Geschichten einiger Frauen, die unter Druck standen zu heiraten und interviewte sie und ihre Eltern, wie hilflos sie waren, dass sie ihre Tochter noch nicht verheiratet sehen konnten.

Der Zuschauer wird Zeuge eines schmerzhaften Kampfes und Wertekonflikts zwischen zwei Generationen, den viele Frauen in China nachempfinden können. Am Ende des Spots wird gezeigt, wie sich die Eltern und die junge Frau schließlich einigen. Die Eltern geben den Wünschen der Tochter nach und respektieren ihre Entscheidungen.

Markus Strobel, Global President von SK-II, erklärte gegenüber Bloomberg Businessweek, dass die Kampagne „der Hautpflegemarke geholfen hat, ihren Umsatz in China in neun Monaten um mehr als 50 % zu steigern. Diese Kampagne hat uns in China bekannt gemacht und eine äußerst positive Stimmung bei Verbrauchern und Einzelhändlern erzeugt, was uns geholfen hat, bei jungen Berufstätigen und Frauen in Führungspositionen zu gewinnen".

Als jemand, der in China aufgewachsen ist, wurde mir von meinen Eltern auch gesagt, ich solle 文静 wén jìng sein, ein ideales Adjektiv, um junge Mädchen zu beschreiben (wörtlich übersetzt heißt das „lesen können und still sein"). Eine schweigsame Frau galt in China als ideal für eine Heirat. Freimütig zu sein und eine eigene Meinung zu haben, wurde nicht als Charakterzug belohnt. Als ich in kanadische Klassenzimmer und an amerikanische Universitäten kam, änderte sich meine einstmals zurückhaltende Art langsam, da ich mit mehr Perspektiven in Berührung kam. Mit dem Aufschwung der Sheconomy in China werden sicher noch mehr Marken das Thema Feminismus aufgreifen, wie wir es im Westen erlebt haben.

Die #metoo-Bewegung hat sich in China nicht so stark entwickelt wie im Westen. Stattdessen wurde sie in der Internetsuche sogar verboten. Unter dem Deckmantel der Worte 米兔 mǐ tù (der Klang dieser beiden chinesischen Wörter ähnelt dem von MeToo) war die Bewegung immer noch ruhig. Da jedoch immer mehr Fälle von sexueller Belästigung in China dokumentiert werden, sprechen immer mehr Frauen offen über ihre Erfahrungen und suchen gegenseitig nach Unterstützung und Verständnis. Ich gehe davon aus, dass Marken, die diese Tabuthemen offen ansprechen, auf dem weiblichen Markt sofort Anklang finden werden.

Ansprache der Generation Z

Der Verbrauchermarkt der Generation Z, die zwischen 1996 und 2010 geboren wurde, macht 17 % der chinesischen Bevölkerung aus, aber 25 % der Gesamtausgaben für neue Marken. Obwohl die Gruppe der Babyboomer eigentlich größer ist und den größten Teil der Konsumkraft besitzt, ist die Generation Z die häufigste Zielgruppe von Verbrauchermarken.

Warum geben diese Marken dann so viel Geld für Marketing aus, um diese Gruppe anzuziehen?

Weil dies die künftige „Boomer"-Generation sein wird. Denken Sie an die FMCG-Marken, mit denen Sie aufgewachsen sind. Wenn Sie deren Muttergesellschaften googeln, werden sie heute höchstwahrscheinlich unter die Familie von P&G oder Unilever fallen. Und Sie werden diesen Marken auch weiterhin vertrauen. Es wird viel länger dauern, bis Sie sich für eine neue Marke entscheiden, weil Sie bereits eine Loyalität zu den heutigen Massenmarken aufgebaut haben. Sie sind bereits daran gewöhnt, sie zu kaufen. Aber die jüngere Generation ist weniger „gehirngewaschen" und viel empfänglicher dafür, eine neue Marke zu sehen und dann zu kaufen.

Diese Gruppe wurde in den letzten Monaten aufgrund einer einzigartigen Kombination von Merkmalen im Vergleich zu anderen Verbrauchergruppen eingehend untersucht.

1. **Reichtum:** Diese Gruppe ist mit weniger finanzieller Zurückhaltung aufgewachsen als ihre Eltern, was im Gegensatz zu einem in den 1980er- oder sogar 1990er-Jahren geborenen Konsumenten steht, dem Sparsamkeit und Sparen beigebracht wurde. Die Generation Z wuchs in einer Zeit auf, in der China ein rasantes Wachstum erlebte und nicht unter dem Schatten der Kulturrevolution litt, den ihre Großeltern ertragen mussten. Es gibt einen Begriff, der sich auf ihre ständigen Ausgaben bezieht, bis ihr monatliches Gehalt aufgebraucht ist: der „Mondschein-Clan". In dieser Gruppe ist es üblich, sich Geld zu leihen, um die Konsumbedürfnisse zu befriedigen, was in der Boomer-Generation nicht der Fall ist.
2. **Technologie:** Diese Gruppe lernte den Umgang mit dem iPhone und dem iPad, bevor sie das Autofahren lernte. Sie sind viel besser mit Software und Apps vertraut und können damit umgehen. Da sie im Informationszeitalter aufgewachsen sind, sind sie eher darauf eingestellt, nach Informationen zu suchen, als sich mit den Informationen zu begnügen, die in traditionellen Schulen oder im Fernsehen vermittelt werden. Sie sind digital versiert und wissen, wie man mehrere Informationsquellen überprüft, bevor man eine Kaufentscheidung trifft.
3. **Werteorientiert:** Sie fühlen sich von den Werten angezogen, die hinter einer Marke stehen. Wenn Geld keine Rolle mehr spielt, weiß diese Gruppe, wie sie mit ihren Dollars (oder in diesem Fall RMB) „abstimmen" kann! Sie haben keine Lust mehr auf die üblichen Marketingmethoden und die Art und Weise, wie Produkte traditionell an sie herangetragen werden. Stattdessen interessieren sie sich für Erfahrungen, wollen ihren Horizont erweitern und suchen nach neuen Informationen.

Es gibt ein Internet-Memo, das beschreibt, wie verschiedene Generationen in China mit der Aussicht auf einen strengen Chef umgehen. Wenn ein Chef zu einem Mitarbeiter sagt: „Du wirst gefeuert", wird der in den 1980er-Jahren Geborene härter arbeiten, um dem Chef das Gegenteil zu beweisen. Wenn ein Chef einen in den 1990ern Geborenen zurechtweist, wird dieser dem Chef widersprechen. Sagt man der Generation Z, dass sie härter arbeiten muss, wird sie sagen: „Schon gut, ich wollte sowieso gehen. Stattdessen feuere ich dich!"

Auch wenn dies gemeinhin als Witz bekannt ist, spiegelt es die Einstellung der heutigen Generation zur Arbeit wider. Diese Menschen sind in einer Zeit aufgewachsen, in der es in China keine Armut und keinen Mangel an Ressourcen gab, so dass Arbeit für sie etwas Freiwilliges war. Ihre angeborene Einstellung spiegelt sich auch in ihrer Wahl von Marken und Produkten wider. Im Gegensatz zu ihren Altersgenossen interessiert sich die Generation Z für das, was für sie von Bedeutung ist, und nicht für das, was ihnen von ihren älteren Geschwistern oder Eltern diktiert wird. Dies ist vielleicht der Grund, warum die Sammlerkultur und ACG in China so weit verbreitet sind.

ACG, auch bekannt als Anime, Comics und Spiele, ist ein schnell wachsender Trend in China. Als ich zum ersten Mal nach China kam, habe ich das nicht so oft gesehen, aber in den Jahren nach 2020 sah ich immer mehr junge Menschen in traditioneller chinesischer Kleidung herumlaufen. Sogar bei der Arbeit, auf dem Alibaba-Campus, weil wir kaum Beschränkungen haben, was man bei der Arbeit tragen darf, kamen einige Kollegen in ihren alten chinesischen Lieblingskostümen. 汉服 hàn fú ist eine Art von Kostüm aus dem alten China und auch das Thema vieler verschiedener Spiele.

Die Generation Z fühlt sich von dieser Rollenspielkultur besonders angezogen, da sie ihre Fantasie anregt und sie in eine andere Welt entführt, in der sie in jede beliebige Rolle schlüpfen können. Während Bars und Clubs immer noch das Nachtleben der Menschen im Westen dominieren, hat sich in China ein neues Phänomen entwickelt, bei dem sich junge Menschen für 沉淀 chén diàn Room Escape Games entscheiden. Bei dieser Art von Spielen muss sich eine Gruppe von Personen verkleiden und eine Rolle spielen, um dann ein Rätsel oder einen Mordfall zu lösen. Diese Art von Spielen ist eine Mischung aus „Sleep No More", Theater und „Room Escape" und spiegelt in hohem Maße die fantasievollen und kreativen Aktivitäten wider, die das Leben eines jungen Chinesen bestimmen.

In letzter Zeit sind zwei Begriffe unter der Generation Z populär geworden: 内卷 nèi juàn (Rückentwicklung) und 躺平 tǎng píng (Hinlegen), wobei letzterer vor allem bei der Generation Z beliebt ist. Es handelt sich dabei um zwei gesellschaftliche Phänomene, die die Einstellungen der heutigen Generation veranschaulichen. Das Äquivalent der Involution in der westlichen Populärkultur ist im Grunde das „Rattenrennen", ein endloser Kreislauf, bei dem es darum geht, wer härter arbeiten kann, um die anderen auszustechen. Die 996-Arbeitskultur von „9 Uhr morgens bis 21 Uhr abends, 6 Tage die Woche" war eine beliebte Art, die allgemeine chinesische Arbeitskultur zu beschreiben, die den Pfeiler der Involution bildete. Wenn jemand eine Stunde Überstunden gemacht hat, sollte man besser doppelt so viele Überstunden machen, sonst wird man von seinem Kollegen überholt.

Die Gruppe der „Liegengebliebenen", oder in diesem Fall viele Generation Z, sagt, dass wir die Situation des Rattenrennens sehr wohl kennen, nicht daran teilnehmen wollen und deshalb aufgeben, oder sich in diesem Fall hinlegen. Ein anderer Begriff, der 佛系 fó xì oder „buddhistischer" zu sein, geht in eine ähnliche Richtung. Wer unter Druck ruhig bleibt oder mit einer eher buddhistischen Denkweise an die Dinge herangeht, übertrumpft diejenigen, die unter Druck härter arbeiten.

Natürlich ist die Einstellung der Generation Z nicht etwas, das für alle gleich ist. Ich bin mir sicher, dass es eine ausreichenden Anteil in der Generation Z gibt, die ähnliche Eigenschaften wie ihre älteren Kollegen hat, aber die Einzigartigkeit dieser Eigenschaften ist aus der Sicht der Marken sehr interessant zu studieren, da sie das Narrativ für viele Marken verändert, wenn sie diese Gruppe ansprechen.

Hergestellt in China

Gut zwei Jahrzehnte lang, nachdem China die große wirtschaftliche Öffnung vollzogen und den internationalen Handel willkommen geheißen hatte, hatten die chinesischen Verbraucher eine Vorliebe für globale Marken. Damals fand ich es immer komisch, wenn Nike, das seine Fabriken ursprünglich in China hatte, sein Produkt in China herstellte, ein amerikanisches Etikett aufklebte und das Produkt dann mit einem internationalen Preis an die chinesischen Verbraucher verkaufen konnte. Die chinesischen Verbraucher waren mehr als bereit, den Aufpreis zu zahlen. Als junges Einwandererkind kaufte ich mit meiner Mutter in den Einkaufszentren

Kanadas Kleidungsstücke ein. „Made in China" für 30 USD? Sie bat mich, es wieder wegzulegen. „Wir können etwas Gleichwertiges in China für die Hälfte des Preises finden, Schatz", sagte sie dann.

Der Begriff „Made in China" stand früher für Dinge, die billig oder schlecht hergestellt waren. Doch seit 2018 hat sich das Blatt gewendet. Wir können diese Wende möglicherweise auf den Handelskrieg, Trumps Amtszeit oder die wachsende internationale Feindseligkeit zurückführen, aber der chinesische Verbraucher schenkt lokalen Marken allmählich immer mehr Aufmerksamkeit, wobei eine junge Bevölkerungsgruppe besonders daran interessiert ist, lokal produzierte Marken zu unterstützen.

Die Vorliebe der Chinesen für einheimische Marken, die im Volksmund als 国潮 guó cháo oder mit anderen Worten als „national und trendig" bezeichnet werden, hat zugenommen. Früher kauften die Verbraucher lieber ausländische Marken, weil sie glaubten, dass ausländische Marken eine bessere Qualität und bessere Materialien hätten. Da ein Großteil des Marketings darin besteht, dem Verbraucher ein bestimmtes Gefühl zu vermitteln, wenn er ein Produkt verwendet, fühlte es sich früher internationaler an, wenn man ein ausländisches Produkt verwendete.

Ein erwähnenswertes Ereignis der letzten Zeit ist das Aufkommen von H&M und seine PR-Erklärung.

Über Nacht verbreitete sich ein Weibo-Post schnell in ganz China, zunächst in Modekreisen, später in allen großen Medien. Es war die PR-Abteilung von H&M, die offen gegen die Verwendung von Baumwolle aus Xinjiang protestierte. Als jemand, der sich dessen bewusst ist, was beide Seiten zu tun versuchen, kann ich sehr gut verstehen und nachempfinden, dass so etwas Katastrophales passieren kann. In diesem Fall sollte das globale PR-Team eines Unternehmens jedoch daran denken, die Dinge mit einem lokalen PR-Team abzuklären, bevor es die Nachrichten des Unternehmens in die Welt hinausposaunt.

Oder nehmen wir Dolce & Gabbana, wo in einem neuen Werbespot ein chinesisches Mädchen mit ihren Stäbchen auf einen Teller mit Spaghetti starrt. Während die Macher der Anzeige den Werbespot als etwas Verspieltes verstanden, empfanden die chinesischen Verbraucher die Anzeige als geschmacklos und rassistisch. Dies führte schließlich zur Schließung mehrerer Offline-Filialen und zum Verschwinden des D&G-Tmall-Stores, um online zu verschwinden. Das Führungsteam musste sich in aller Form bei den chinesischen Verbrauchern entschuldigen. Bis heute haben sie sich nicht davon erholt.

Ich wurde einmal von einem Reporter gefragt, was ich über die Werte denke, die Prominente aufgeben müssten, wenn sie nach China verkaufen wollten. Damals hatte ich gesagt, dass sie eine Entscheidung treffen, wenn sie in China Geschäfte machen, genauso wie andere Organisationen in China Geschäfte machen. Das bedeutet nicht, dass sie die Werte und Überzeugungen, die sie als Einheit hochhalten, aufgeben müssen, sondern dass sie die Kultur in China berücksichtigen und sich bewusster machen müssen, was sie den chinesischen Verbrauchern gegenüber darstellen.

Im Westen haben wir alle schon von dem Begriff „woke" (wach sein) gehört. Sogar einige Amerikaner sagen mir, dass sie ihre Gefühle nicht offen äußern können, ohne vom Team Woke angegriffen zu werden. Viele meiner Freunde, von denen viele ethnischen Minderheiten angehören, sagen, es sei wie ein Gang auf Eierschalen. China ist in dieser Hinsicht ähnlich. In allen Subkulturen gibt es heikle Themen, über die man nur ungern spricht. Nur wenige verstehen diesen Teil Chinas.

China ist ein zweideutiger Markt. Wenn Sie jemals etwas über die verschiedenen Arten der globalen Kommunikation gelernt haben, ob direkt oder indirekt, dann gehört China definitiv zu den letzteren, wo ein Wort mehrere Bedeutungsebenen hat und sich je nach Kontext ändert. Bei jeder Art von Massenmarketing-Kampagne ist es immer am besten, sie an jemanden vor Ort zu schicken, um die Angemessenheit des Inhalts zu überprüfen.

CROSS BRANDING

Cross Branding, Cross-over-Produkte oder 跨界 kuà jiè bedeutet, dass sich zwei Marken für ein gemeinsames Produkt zusammenschließen. Cross-over-Produkte sind keine Besonderheit in der chinesischen Produktwelt. Der Unterschied in China ist, dass es auf die Spitze getrieben wird, wenn zwei sehr unterschiedliche Marken oder Produkte aufeinandertreffen, um eine Cross-over-Kooperation zu schaffen.

Meistens werden diese Produkte geschaffen, um das Interesse des Verbrauchers an einer Marke zu wecken oder als Aufhänger für Klicks zu dienen. Manchmal weiß die Marke ganz genau, dass es kein Massenprodukt werden wird, aber es wird auf jeden Fall eine interessante Produkteinführung sein, die Aufmerksamkeit erregt.

Hier sind einige der interessanten Cross-over-Produkte, die ich gesehen (und manchmal auch gegessen!) habe.

1. Eis am Stiel mit Baijiu-Geschmack (Baijiu ist ein Produkt mit 50 % Alkoholgehalt)
2. Kekse mit Entenhalsgeschmack (Entenhals ist ein beliebter Snack in China!)
3. Limonade mit Tintengeschmack
4. Chips mit Biergeschmack
5. Mondkuchen mit Flusskrebsen
6. Stinkender Tofu-Eiscreme

Und das ist nur eine Handvoll. Ob schmackhaft oder nicht, sie erregen auf jeden Fall Aufmerksamkeit, und das ist vielleicht das Begehrteste für Marken und Vermarkter.

Manchmal ist Cross Branding für eine neue Marke ein interessanter Weg, um auf dem Markt Fuß zu fassen. Wenn eine Marke noch nicht in der Art von Marke, die sie auf dem ausländischen Markt vertritt, Fuß gefasst hat, kann sie eine etablierte Marke vor Ort nutzen, um bei der Markenpositionierung zu helfen.

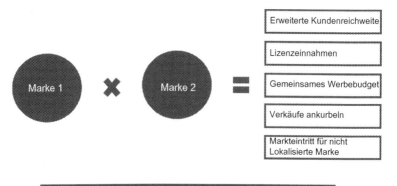

Im Folgenden sind alle geistigen Eigentumsrechte aufgeführt, die Alifish heute besitzt. Partnerschaften laufen immer wieder aus und werden erneuert, so dass diese Liste nicht auf dem neuesten Stand ist, aber Sie bekommen ein Bild davon. Alifish ist eine interne Abteilung bei Alibaba, die IPs (Interlectual Properties) kauft und besitzt, die Marken mieten können.

3 AUFKOMMENDE TRENDS   107

IPs, mit denen Alifish gearbeitet hat

Wenn ein neuer Film oder eine neue Comicserie herauskommt, verhandelt Alifish in der Regel über die Aufnahme dieses geistigen Eigentums in seine Plattform. Dieses geistige Eigentum wird dann den 300.000 Marken im Ökosystem zur Nutzung zur Verfügung gestellt. Die Marken zahlen eine Anzahlung an Alifish und erhalten dann eine Provision pro verkauftem Artikel. Dies ist eine großartige Möglichkeit für Marken, coole und angesagte geistige Eigentumsrechte in ihren Produkten zu verwenden und lediglich das Design zu ändern, anstatt in Forschung und Entwicklung für eine völlig neue Produktreihe zu investieren.

Uniqlo beispielsweise hat sehr einfache Grundlagen. Um die Wiederkaufsraten zu erhöhen und die Fans wieder in die Läden zu locken, arbeitet das Unternehmen mit beliebten IPs wie Kaws zusammen, um die Relevanz seiner Marke zu stärken.

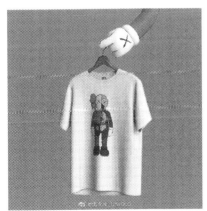

Was auch sehr häufig vorkommt, sind Kooperationen zwischen zwei Marken. Es ist immer wieder schön zu sehen, was sich die Designteams der beiden Marken einfallen lassen können.

Wenn sich zwei Marken zusammentun, gibt es in der Regel eine Art von Vorteil für beide Parteien, sonst würden sie nicht zustimmen, sich in der Mitte zu treffen. Entweder erhält eine Partei eine Lizenzgebühr oder die andere Partei profitiert von dem durch die Zusammenarbeit entstehenden Traffic.

Ich habe persönlich an einem Kooperationsprojekt teilgenommen, als eine sehr alte Milchmarke in China jüngere Verbraucher erreichen wollte. Die Milchmarke heißt Bright Dairy, eine Marke, die ich schon als Kind getrunken habe.

Dies ist eine Art von Marke, die ihr Logo oder ihr Aussehen seit Jahrzehnten nicht verändert hat. Im Chinesischen nennen wir dies 老字号 lǎo zì hao, oder eine Marke, die sehr alt und traditionell ist. Die Verbraucher dieser Marken werden erwachsen und verlieren die Verbundenheit zu der

Marke, mit der sie in ihrer Jugend zu tun hatten. Um mit den aktuellen Trends Schritt zu halten, arbeiten diese Marken häufig mit einer Marke zusammen, die bereits auf dem aktuellen Markt vertreten ist. Wir haben aus einer Vielzahl von Modemarken ausgewählt und uns die Preise der verschiedenen Marken angesehen und uns schließlich für INXX entschieden.

Durch diese Zusammenarbeit war Bright Dairy auch in der Lage, sein Markenimage zu verbessern, indem es mit einer Marke zusammenarbeitete, die viel hochwertiger war.

Die Milchtüte wurde in die Form einer Umhängetasche umgewandelt, und die Nährwertangaben zur Milch wurden auf die Rückseite eines T-Shirts übertragen. Das so entstandene Produkt war innerhalb von Sekunden ausverkauft und wurde später auf einer Craiglist-Website für ein Vielfaches des Verkaufspreises weiterverkauft.

3 AUFKOMMENDE TRENDS   111

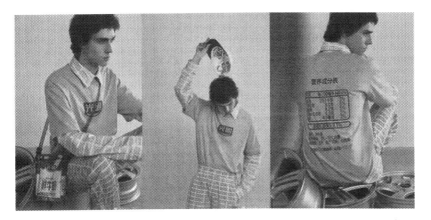

Eine lokale Sportmarke hatte etwas mit einer bekannten Lokalzeitung gemacht.

Markenkooperation zwischen Lining und einer lokalen Zeitung

Auch internationale Marken wie Coca-Cola haben mit lokalen Sportbekleidungsmarken zusammengearbeitet.

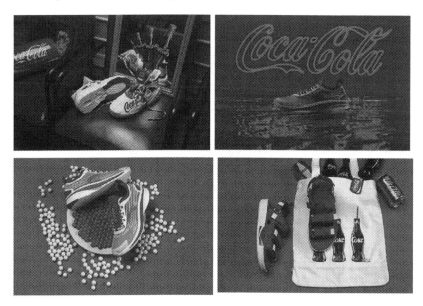

Ich habe im Laufe der Jahre auch einige sehr coole und unwahrscheinliche Kooperationen erlebt, darunter die Zusammenarbeit der Modemarke Alexander Wang, einer sehr New Yorker Modemarke, mit McDonalds.

Kooperationen wie diese wecken das Interesse. Sie sind frisch und aufsehenerregend. Wenn sie richtig kombiniert werden, sind sie in der Regel sehr schnell ausverkauft und sorgen für viel Wirbel um die Marke. Einige Kollaborationsprojekte, die eigentlich für eine einmalige Aktion gedacht waren, können sich über Jahre hinweg halten.

C2M

C2M hat sich in letzter Zeit immer mehr zu einem Trend entwickelt. Auch bekannt als „*Customer to Manufacturer*", wenn der Kunde vorgibt, was in einer Fabrik hergestellt werden soll, anstatt dass die Fabriken Produkte herstellen, die sie dann mit einem Verbrauchermarkt testen. C2M ermöglicht es dem Verbraucher, sich direkt mit der Fabrik in Verbindung zu setzen, um etwas herzustellen, das er haben möchte. Eine andere Möglichkeit, das Konzept zu verstehen, ist das Crowdsourcing einer bestimmten Idee oder eines Produkts. Kickstarter ist eine im Westen erfolgreiche Methode, um Geld zu sammeln, bevor ein Produkt hergestellt wird. Alibaba ging noch einen Schritt weiter und schuf eine neue Abteilung namens 犀牛 xī niú, die mit Bekleidungsfabriken zusammenarbeitet, um Produkte zu produzieren, von denen sie wissen, dass die Verbraucher daran interessiert sind. Die erste Marke heißt 暴走的萝莉 bào zǒu de luó lì oder „The Girl who Keeps on Walking". Die Athleisure-Marke, die sich vor allem an junge Verbraucher richtet, wurde mithilfe von Daten aus Tmalls Einblicken in die Millionen von Suchanfragen, die täglich durchgeführt werden, entwickelt und profitiert vom Aufschwung von Athleisure während der Covid.

Das Tmall Innovation Center (TMIC) ist eine Abteilung innerhalb von Tmall, die als Marktforschungsunternehmen dient, mit dem Marken bei der Produktinnovation zusammenarbeiten können. Da Tmall Tausende von Datenpunkten erfasst hat, können Marken die Daten aus der Datenbank nutzen und das TMIC hat eine Reihe von Beratern, die sich ansehen, welche Suchanfragen im Trend liegen, um mehr Erkenntnisse darüber zu erhalten, wie ein neues Produkt aussehen sollte. Diese Art von Mechanismus ist für Marken besonders interessant, da er einen vollständigen Kreislauf von der Produktion über den Verkauf bis hin zum Feedback ermöglicht.

Fabrice Megarbane, Präsident von L'Oreal Nordasien und CEO von L'Oreal China, sprach mit Christine Chou von Alizila darüber, wie die Partnerschaft mit dem Tmall Innovation Center dem Unternehmen geholfen hat, neue Produkte für den chinesischen Markt zu entwickeln – und das in nur 59 Tagen. In einem Interview mit Alizila behauptete er, dass L'Oreal normalerweise Monate braucht, um Tests durchzuführen. In einem großen Konsumgüterunternehmen kann die Einführung eines neuen Produkts 15 oder 18 Monate dauern, aber durch die Zusammenarbeit mit der Datenmaschine von Tmall kann die Marktforschung verkürzt werden, und die Plattform ermöglicht es Ihnen als Marke, eine Reihe von Iterationen des Produkts zu testen, bevor Sie es in die Produktion schicken.

KI und Avatare

Während im Westen die Frage, ob Roboter uns alle umbringen werden, noch immer heiß diskutiert wird, wird KI in China nur selten als etwas Negatives gesehen. Die Menschen scheinen zu akzeptieren, dass sie irgendwann von Robotern ersetzt werden, und sie haben kein Problem damit. Die meisten Menschen gehen davon aus, dass ein anderer Job für sie erfunden werden wird.

Seitdem hat Bilibili (die in Kap. 1 vorgestellte YouTube-ähnliche Plattform) mit virtuellen Avataren vor allem in Spielen experimentiert. Die prominenteste Marke, die mit Avataren in einer verbraucherorientierten Perspektive experimentiert, ist Florasis 华西子 huá xī zǐ, eine D2C-Kosmetikmarke, die den Schwerpunkt auf östliche Schönheit und Elemente der traditionellen chinesischen Kultur legt, etwas, das von den größeren globalen Marken, die den Schwerpunkt auf westliche Schönheit legen, vergessen wurde.

Lange Zeit war der „chinesische Stil" nicht sehr beliebt. In einer Kosmetikbranche, in der große französische Konzerne dominieren, zeigt Florasis seine Produkte auf eine neue Art und Weise, die die Kunden anzieht.

Blooming Rouge Love Lock Lippenstift
$57

Phoenix Makeup-Palette mit Blumengravur
$67

Odey Makeup-Palette mit Blumengravur (The Encounter)
Von $67

Fairy Peach Blossom Pressed Powder
Von $46

Screenshot der Website von Florasis, auf der verschiedene Produkte vorgestellt werden

3 AUFKOMMENDE TRENDS 115

Seit seiner Gründung hat jedes von Florasis auf den Markt gebrachte Produkt klassische Elemente in Verpackung und Namen übernommen, wodurch das Markenkonzept „Ostasiatisches Make-up, Make-up mit Blumen" in die Herzen der Verbraucher vordringen konnte.

Florasis, ein heimisches Kosmetikprodukt, hat den Verbrauchern lange Zeit das Bild einer klassischen ostasiatischen Schönheit vermittelt. Heute wird dieses Bild noch plastischer dargestellt. Am 1. Juni 2021 veröffentlichte Florasis offiziell das erste virtuelle Bild „Florasis" auf seinem offiziellen Konto und gab dem Namen ein Gesicht.

„Florasis" ist als junge Frau mit anmutigem Retro-Make-up, Lotusblatt-Ohrringen und einem Lotusblatt-Kleid abgebildet.

Die Entstehung von Markenavataren ist ausnahmslos ein Mittel für Marken, um junge Menschen anzuziehen. Durch ein modischeres und trendigeres virtuelles Image wird die Aufmerksamkeit der jungen Verbraucher erregt und eine tiefere emotionale Kommunikation mit den Verbrauchern aufgebaut.

Virtuelle Avatare haben viele Vorteile. Erstens braucht kein Marketingteam mehr auszuwählen, welcher Prominente die Marke am besten verkörpert, da der komplette Avatar vom Designteam erstellt wird. Zweitens hat es in letzter Zeit Skandale um Prominente gegeben, die ihr Image so sehr beeinträchtigt haben, dass Marken ihre Verträge gekündigt haben. So haben beispielsweise mehrere Marken ihre Verträge mit Kris Wu, dem sexuelles Fehlverhalten mit Minderjährigen vorgeworfen wurde, sofort gekündigt. Virtuelle Avatare werden nie Opfer von Skandalen, und jedes Wort und jede Darstellung kann von der Marke kontrolliert werden. Drittens ist es in einer sich schnell entwickelnden, von der virtuellen Realität beherrschten Metawelt sehr einfach, Avatare in Anzeigen einzusetzen.

Aber auch die Schattenseiten dürfen nicht vergessen werden. Schließlich sind virtuelle Bilder keine realen Charaktere und können nicht von sich aus mit den Verbrauchern interagieren. Stattdessen muss ein Team von Menschen hinter den Kulissen der Marke agieren. Sobald die Marke bei der Charakterpflege nachlässt, wird die Verbindung zwischen dem virtuellen Bild und den Verbrauchern unterbrochen.

Blind Boxes und das Hook-Modell

Während meiner Arbeit im Tmall-Overseas-Team konnte ich den Erfolg vieler chinesischer Marken beim Eintritt in ausländische Märkte und die zunehmende Stickiness beobachten, mit der sie sich von lokalen Anbietern unterschieden. Dies veranlasste mich, eine Marke im Besonderen genauer zu untersuchen, eine Spielzeugmarke namens Popmart.

Als Wang Ning, CEO von Popmart, ein Kind war, arbeiteten seine Eltern in einem Geschäft, das Videos, Uhren, Angelausrüstung und andere Geräte verkaufte. Die meiste Zeit seiner Kindheit und seiner Freizeit verbrachte er im Laden seiner Eltern.

Jeden Tag kamen alle möglichen Kunden in den Laden, um etwas zu kaufen, so dass Wang Ning unbewusst ein starkes Interesse an Geschäften hatte, etwas, das ihn schließlich zu seinem eigenen Vorhaben in der Geschäftswelt inspirieren sollte.

Im Jahr 2005 hatte Wang Ning an der Universität die Idee, Aufnahmen vom Studentenleben zu machen und sie auf CDs zu brennen. Bald wurden diese CDs in den Klassen und auf dem Campus beliebt, und viele Studenten baten ihn, sie zu brennen. Ihm wurde klar, dass die meisten Studenten lieber einen Dokumentarfilm über ihr eigenes Leben sehen wollten, und so war sein nächster Schritt, personalisierte Videos zu drehen. Als die neuen Erstsemester die Schule betraten, gründete Wang Ning einen Club namens „Days Studio" und machte sich selbstständig.

Sie filmten die Einschulung der Erstsemester, die Willkommensparty, verschiedene Clubaktivitäten und Networking-Aktivitäten. Die erste Charge von 1000 produzierten CDs war an einem Tag ausverkauft. Wang Ning und das „Days Studio"-Team wurden schnell populär und entwickelten sich später zu einem vollwertigen Studio, aber als sich das Web-Streaming in China durchsetzte, waren CDs immer weniger gefragt. Das Geschäft starb schließlich aus, gab Wang aber genug Hoffnung, um sich an sein nächstes Geschäft zu wagen.

Wang Ning nahm das bestehende Team mit nach Hangzhou und Yiwu und kaufte einige interessante Kleinwaren wie Spielzeug und Haushaltswaren und verkaufte sie. Dort stießen sie Anfang 2008 auf ein neues Einzelhandelsformat namens „Grid Shop". In diesen Läden werden alle möglichen Produkte angeboten, Schreibwaren, Kameras, Kissen, Plüschtiere. Sie sind im Grunde die reale Version dessen, was Muji oder Miniso heute sind, nur ohne das einheitliche Branding.

Der Grid Shop hatte eine niedrige Schwelle für die Eröffnung eines Ladens, was später viele Wettbewerber einlud. Der schwierigste Teil war die Kontrolle der Produktqualität, die wachsende Zahl der Artikel und die geringe Gewinnspanne.

Als Wang Ning in dieser Phase als Unternehmer verzweifelt war, trat eine Puppe namens Sonny Angel auf den Plan.

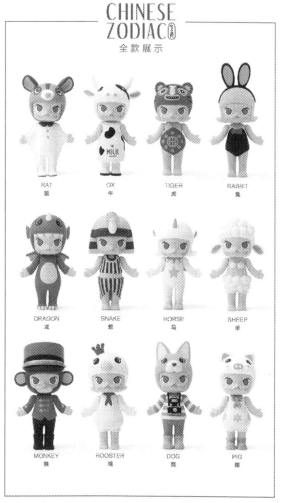

Produktfoto der chinesischen Tierkreiszeichen-Serie von Pop Mart

Bei dieser Puppe handelt es sich um ein handgefertigtes Figürchen, das etwa 3 Zoll groß ist und Hunderte von Modellen hat. Wang Ning beschloss, diese Spielzeuge in identische Verpackungen zu stecken. Dies war die Geburtsstunde der „Blind Box". Als Kunde wusste man nicht, welche Puppe man bekommen würde. Dies führte später zu einem regelrechten

Kaufrausch, da einige Kunden Hunderte von Dollar ausgaben, um die gewünschte Puppe zu finden. Spielzeugsammler griffen den Trend auf, alle verfügbaren Puppen einer Serie zu sammeln. Das Bild oben zeigt z. B. die chinesische Tierkreiszeichen-Serie. Dies war das Kernstück, das den Erfolg von Popmart begründete.

Heute sind die Offline-Popmart-Automaten allgegenwärtig, so dass die Kunden in verschiedenen Einkaufszentren Spielzeug kaufen können. Dadurch konnte der physische Einzelhandel von Wang reduziert werden, da einige Läden einfach „Pop-up"-Läden (Wortspiel beabsichtigt) mit Automaten sind.

Foto eines Pop-Mart-Automaten

Die Verkaufszahlen sind von ein paar Tausend pro Monat auf Zehntausende pro Monat gestiegen, und diese Zahl steigt weiter. Viele limitierte Auflagen sind ausverkauft. Popmart wurde das Toys RUs für Erwachsene.

Inzwischen haben sich die Figuren zu allen möglichen Kooperationen entwickelt, von Harry Potter bis Hello Kitty. Später entwickelte sich ein schnelles Designmodell, das mit dem von Zara in der Welt der schnellen

Mode verglichen werden kann. Popmart wurde zum Zara in der Welt des Sammelspielzeugs.

Schon bald trat Wang in Tmall ein, um seinen Kunden ein Omnichannel-Erlebnis zu bieten, und differenzierte den Online-Shop so, dass einige Figuren nur online erhältlich waren, was seine Fans dazu zwang, auch im Online-Shop einzukaufen.

Popmarts Tmall Flagship-Store mit neuer Serie Bobo & Coco

Vor Kurzem wurde Bubble Mart an der Hongkonger Börse notiert. Am ersten Handelstag stieg das Unternehmen um 79,22 % bei einem Börsengang von rund 600 Millionen USD.

Blind Boxes und das Hook-Modell

Heute ist das Konzept der Blind Box in China in verschiedene Bereiche vorgedrungen, darunter Lebensmittel und Reiseartikel. Wer z. B. unschlüssig ist, was er zum Mittagessen bestellen soll, kann sich für eine Blind Box entscheiden, bei der der Inhalt erst nach dem Öffnen der Box bekannt wird. Auf Reisen können Verbraucher auch mit einer Fluggesellschaft auf eine Reise gehen, ohne zu wissen, welches Ziel die Fluggesellschaft letztendlich auswählt. Zuletzt habe ich die Blind Box bei der Partnersuche gesehen, bei der ein Junggeselle verschiedene Filter wählen kann, um ein potenzielles Date auszuwählen (man denke an Tinder ohne die Fotos), um dann zu einem formellen Gruppendate zu kommen und seine Auswahl zu treffen.

Screenshot aus dem Little Red Book auf einer Blind Box für Müsliriegel

Die Verbraucher von heute müssen immer mehr stimuliert und unterhalten werden. Das Blind-Box-Konzept war ein solches Experiment, das getestet wurde und erfolgreich war. Ich prophezeie, dass dies einer von vielen Marketing-Gimmicks sein wird, die auf dem chinesischen Verbrauchermarkt entstehen werden.

Als ich zum ersten Mal von dem Konzept der Blind Box hörte, dachte ich sofort an ein Buch, das ich vor Jahren über Produktentwicklung gelesen hatte. Vor einigen Jahren war ich auf das Hook-Modell von Nir Eyal gestoßen und hatte beobachtet, wie sich das Hook-Modell auf mehrere erfolgreiche Anwendungen und Produkte ausdehnte.

Haken Modell

Nir Eyal's Haubenmodell-Diagramm

Das Hook-Modell geht davon aus, dass jedes erfolgreiche Produkt so „klebrig" war, dass es seine Nutzer halten und Wachstum erzielen konnte, und zwar aufgrund dieser vier Prinzipien: Aktion, variable Belohnung (dieser Teil ist entscheidend), Investition und Auslöser.

Auslöser: Ein „Trigger" ist ein Auslöser für ein Verhalten und es gibt zwei Arten: externe und interne. Ein externer Auslöser ist ein Auslöser, der von außen auf Sie, den Nutzer, einwirkt. Ein interner Auslöser ist ein interner Auslöser wie Hunger, Müdigkeit, Reizung usw.

Handlung: Das Verhalten, das in Erwartung einer Belohnung ausgeführt wird.

Variable Belohnung: Ein sich ändernder Belohnungsmechanismus, sei es in Bezug auf den Betrag, das Vorhandensein oder etwas anderes, das auf den Pain Point („Schmerzpunkt") des Nutzers reagiert. Die Variabilität ist das, was sie immer wieder zurückkommen lässt.

Investition: Die Wiederholung der drei vorangegangenen Schritte führt schließlich zu einer Art Investition für den Nutzer, die ihn dazu veranlasst, weiterhin zu kommen.

Wenn ein potenzieller Kunde von Popmart die allgegenwärtigen Popmart-Automaten in den chinesischen Einkaufszentren sieht, wird er mit einem externen Auslöser konfrontiert. Oder wenn ihre Freunde eine begehrte Puppe entdeckt haben, die sie noch nicht in ihre Sammlung aufgenommen haben, gibt es einen internen Auslöser in Form von Neid. Als Nächstes handeln sie so, dass sie ihren Pain Point lösen, indem sie den Gegenstand kaufen. Als Nächstes werden sie jedoch mit einer variablen Belohnung konfrontiert, da sie nicht wissen, welche Puppe sie bekommen werden, bis sie die Schachtel öffnen. Je mehr Puppen sie schließlich anhäufen, desto mehr Puppen fügen sie unbewusst hinzu, wodurch die Sammlung noch mehr betont wird. Dieser Zyklus wiederholt sich dann immer wieder und ebnet den Weg für eine erfolgreiche Marke.

VR, AR

Im Jahr 2016 hat Tmall versucht, VR beim Einkaufen einzuführen. Auf der Detroit-Gateway-Konferenz, einer Roadshow für das westliche Publikum, ermöglichten wir es den Teilnehmern, mit unserem VR-Produkt zu spielen. Damals war ich noch nicht offiziell bei Alibaba, aber wir ermöglichten es den Teilnehmern, eine VR-Brille aufzusetzen und durch ein Wohnzimmer zu navigieren, in dem sie verschiedene Arten von Produkten erkunden und per Mausklick verschiedene Räume betreten konnten. Allerdings besaßen die meisten chinesischen Familien noch keine VR-Brillen, und so verlor das Produkt danach an Bedeutung.

Im Jahr 2020 musste das Team jedoch, vielleicht wegen der Epidemie, neue und innovative Wege finden, damit die Verbraucher die Produkte auch zu Hause erleben können. Heute ist AR die Antwort. Während einige dachten, dass Luxusprodukte aufgrund des Preises der einzelnen Artikel im E-Commerce nicht erfolgreich sein könnten, hat Tmall ihnen das Gegenteil bewiesen. Tools wie AR Try On ermöglichen es den Nutzern, mit einer Marke oder einem Produkt zu experimentieren, was ihnen sonst nicht möglich wäre. Wir alle haben schon einmal erlebt, dass wir ein Luxusgeschäft nicht wirklich betreten wollten, weil uns die Verkäufer mit eiskalten Blicken anstarren oder es einfach nur nervig ist, von einem Verkäufer durch das Geschäft gejagt zu werden. Manchmal wollen wir uns die Produkte einfach nur selbst ansehen! Mit AR Try On können Sie das jetzt!

Ich würde behaupten, dass dies sogar den Gang zum Ladengeschäft übertrumpfen könnte. Stellen Sie sich vor, Sie wollen eine Uhr kaufen. Hätten Sie die Zeit oder die Energie, zu jeder einzelnen Luxusuhrenmarke zu gehen? Oder ist es bequemer, ein paar Fingertipps auf Ihrem iPhone zu machen und die verschiedenen Uhren an Ihr Handgelenk zu hängen?

3 AUFKOMMENDE TRENDS   125

Letztes Jahr wurde die gleiche Funktion auch für Schuhe und Sonnenbrillen eingeführt. Ich sage voraus, dass dies ein schnell wachsender Trend sein wird und möglicherweise in Zukunft auch für Kleidung zur Verfügung stehen wird.

In der Kategorie der Kosmetika geht dies immer mehr in die Richtung, den Kunden mit dem Produkt experimentieren zu lassen. Nehmen wir z. B. das Ausprobieren von Lippenstift. Im Laden wird das physische Produkt mit einem Gegenstand aufgetragen, der schon bei allen anderen verwendet wurde, und wenn die Farbe nicht passt, muss man sie abwaschen und erneut eine andere auftragen. Mit AR Try On können Sie so viele

Farben auf Ihrem Gesicht ausprobieren, wie Sie möchten, indem Sie einfach auf andere Marken und Farben klicken.

Das VR-Shopping hat noch etwas Zeit, um aufzuholen, denn VR-Brillen sind noch nicht allgegenwärtig. Dieses zusätzliche Stück Hardware ist nicht leicht zu vertreiben und könnte daher noch eine Weile auf sich warten lassen.

KAPITEL 4

Anwendung

Fallstudien

Die Markenbildung in China ist etwas, das in letzter Zeit mit dem Aufkommen des Internets in die Höhe geschossen ist. Als ich aufwuchs, waren die meisten Marken, die ich konsumierte, im Besitz von Staatsbetrieben. Von der Milch, die ich morgens trank, über die Kleidung, die ich trug, bis hin zu den Spielsachen, mit denen ich spielte, waren viele Produkte, mit denen ich als Kind in Berührung kam, markenlos oder ohne Marke. Das lag daran, dass China, ein Land, in dem es an Arbeitskräften und Produktionsmitteln nicht mangelte, gut darin war, zu produzieren, anstatt eine Markengeschichte zu erzählen. Zwei Jahrzehnte später, mit dem Aufkommen von Taobao, ist das anders geworden.

Ich möchte Ihnen einige Beispiele vorstellen, die sich im E-Commerce wirklich einen Namen gemacht und in einer bestimmten Kategorie einen neuen Standard gesetzt haben. Jede Marke ist beeindruckend, weil sie ihren Wettbewerbsvorteil entwickelt und zu einem Unterscheidungsmerkmal auf dem Markt gemacht hat, das den Weg für die Nachahmung ihrer Strategie durch andere Marken in einer anderen Produktkategorie ebnete. Im Folgenden werde ich die einzelnen Marken vorstellen und erläutern, was sie auf dem wettbewerbsintensivsten Markt der Welt auszeichnet.

S. Gai, *Neu gestalteter elektronischer Geschäftsverkehr*,
https://doi.org/10.1007/978-981-19-5984-4_4

> Marke:
> Errungenschaften:
> Warum es funktioniert hat:

Diese Infos werden am Anfang jedes Markenartikels erscheinen, damit die Leser auch einen schnellen Überblick darüber bekommen, was funktioniert hat und was nicht. Sie werden feststellen, dass ich nicht nur die guten Seiten eines jeden Falles beschreibe, sondern auch die schlechten Seiten und die Lehren, die aus jedem Fall gezogen werden können. Genau wie bei Unternehmen ist kein Unternehmen vom ersten Tag an glatt und erfolgreich, aber Ebbe und Flut jeder Marke ebnet den Weg für neue Marktteilnehmer, die eine faire Chance haben, sich auf dem Markt zu behaupten.

Fallstudie: Perfect Diary, eine Lektion in „explosivem Marketing"

> Marke: Perfect Diary
> Erreichtes: Erträge von 800 Millionen RMB in 5 Jahren
> Warum es funktioniert hat: Stufenweiser Einsatz von KOLs und kreative Cross-over-Produkte

An dem Tag, an dem ich das Büro von Perfect Diary an einem sonnigen Nachmittag in Guangzhou verließ, fühlte ich mich definitiv alt. Während des gesamten Treffens sahen weder die Rezeption noch die Leute, die mir Wasser brachten, oder die Teilnehmer des Treffens älter als 25 Jahre aus.

Perfect Diary ist eine einheimische Kosmetikmarke, die 2017 auf den Markt gebracht wurde. Eine Marke, die später von verschiedenen Kosmetikmarken untersucht wurde, von Global Playern wie L'oreal bis hin zu kleineren einheimischen Unternehmen. Es war die Marke, die aus dem Nichts auftauchte und die Kategorie im Sturm eroberte.

Die Muttergesellschaft von Perfect Diary, die Yatsen Holding, ging vor Kurzem an die NASDAQ, nachdem sie die Marke drei Jahre zuvor gegründet hatte. Yatsen, mit Sitz in Guangzhou, besitzt auch andere Marken wie Abby's Choice und Little Ondine. Vor Kurzem wurde Eve Lom, eine ausländische Marke aus Großbritannien, übernommen.

Was ist ihr Geheimnis für das explosive Wachstum?

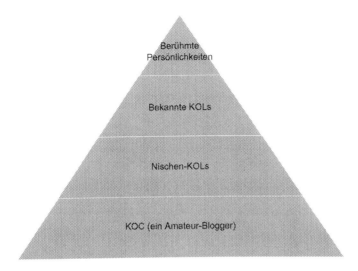

Perfect Diary nutzte ein Pyramidenmodell für seine Einführungsstrategie. Im Januar 2020 betrug die Zahl der Fans von Perfect Diary auf Little Red Book 1,7 Millionen, was viel höher ist als die anderer europäischer, amerikanischer oder einheimischer Schönheitsmarken (z. B. hat L'Oreal zum Zeitpunkt der Erstellung dieses Artikels nur 180.000 Fans).

Die Einführung von Perfect Diary auf Little Red Book kann als ein Pyramidenmodell betrachtet werden, das aus einer Kombination von Prominenten, bekannten KOLs, Nischen-KOLs und KOC (einem Amateur-Blogger) besteht. An der Spitze der Layout-Pyramide investiert Perfect Diary zunächst in die Unterstützung durch Prominente und die Werbung für bekannte KOLs, um ein Markenimage-Benchmark zu schaffen. Das Prominenten-Endorsement ist eine Art Endorsement, das die anfängliche Aufmerksamkeit und Diskussion von Nischen-KOLs wecken kann, damit diese ebenfalls anfangen, der Marke zu folgen. Das Hauptaugenmerk liegt jedoch darauf, die mittleren KOLs und Amateur-KOLs oder sogar KOCs auf die Probe zu stellen. Diese Gruppe von Nutzern nutzt Produktrezensionen in erster Linie, um ihre Freunde zum Kauf zu animieren.

Schließlich, weil Perfect Diary in den vorherigen Schritten einen natürlichen Trend begründet und Traffic auf Little Red Book erzeugt hat, werden normale Verbraucher Inhalte erstellen und diese auf der Plattform wieder nach dem Kauf teilen, es kommt zu einer sekundären Verbreitung und damit zu einer positiven Rückkopplung.

Warum ist diese Lieferstrategie so effektiv?

Die Zielgruppe von Perfect Diary sind hauptsächlich Studenten, die nach 1995 und 2000 geboren wurden. Die Besonderheit dieser Zielgruppe besteht darin, dass ihr Wachstum von der Entwicklung elektronischer Produkte und sozialer Netzwerke begleitet wird und sie sich gleichzeitig in einem Alter befinden, in dem sie nach Individualität und persönlichen Meinungen streben.

Diese Gruppe von Menschen hat eine natürliche Sensibilität und Wachsamkeit gegenüber „Werbung". Da sie mit Dokumentarfilmen aufgewachsen sind, die die dunkle Seite des Marketings aufdecken, sind sie nicht so traditionell in der Rezeption von Werbung wie ihre Eltern aus der Boomer-Zeit oder die Millennials. Sie glauben nicht so sehr an Markenversprechen oder direkte Werbung der Marke. Sie sind eher geneigt, der echten Bewertung und dem Feedback anderer Verbraucher zu vertrauen, und sie sind geübt im Umgang mit verschiedenen Plattformen, wissen, wie man nach Produktbewertungen sucht, und machen alle möglichen Recherchen, bevor sie ein Produkt kaufen.

Perfect Diary ist mit den Gewohnheiten dieser Nutzergruppe vertraut und hat sich schon früh auf Little Red Book konzentriert. Mehr als 80 % der LRB-Nutzer sind junge Frauen, die sich auf Inhalte zu Make-up, Hautpflege und Mode konzentrieren. Gleichzeitig postet jeder Kommentare, und selbst welche von Amateuren sind bei den Nutzern beliebter und werden von ihnen leicht gefunden.

Auf dieser Plattform nutzt Perfect Diary das Modell der Many-to-Many-Kommunikation, bei dem mehrere Verbraucher (von Amateuren über KOLs bis hin zu Prominenten) Produkte mehreren Verbrauchern empfehlen.

Privater Domain-Traffic ist ein beliebtes Konzept im Marketing der letzten Jahre. Es handelt sich dabei um den Taffic, den Blogger selbst kontrollieren können. Die häufigsten Formen sind WeChat, WeChat-Gruppen, kleine Programme oder autonome Apps.

Der private Domain-Traffic von Perfect Diary ist nicht so stark wie die Präsenz auf Little Red Book, aber er ist gut angelegt und hat eine Menge Konversion gebracht. Der private Domain-Traffic wird hauptsächlich von zwei Kanälen gespeist:

Perfect Diary hat in 19 Jahren mehr als 30 Offline-Erlebnisläden eröffnet, und die Kraft, die diese Läden bei der Umwandlung von Offline-

4 ANWENDUNG 131

in Online-Traffic haben, ist nicht zu übersehen. Der Offline-Erlebnisladen von Perfect Diary in Guangzhou z. B. hat täglich etwa 2000 Besucher. Die Mitarbeiter des Erlebnisladens leiten die Kunden im Laden an, ein WeChat-Konto von Perfect Diary als Freund hinzuzufügen, das Xiaowanzi genannt wird. Xiaowanzi ist ein Avatar, der von Perfect Diary geschaffen wurde, um die Marke in einer sympathischeren, menschlichen Form zu repräsentieren.

Xiaowanzi ist nicht nur ein Kundenservice, sondern auch sehr lebensnah. Ihre WeChat-Gruppe wird von Verlosungen, Live-Übertragungen und anderen Aktivitäten dominiert, und es gibt viele Beauty-Tutorials. Diese Inhalte haben das Interesse und die Interaktionshäufigkeit der Verbraucher erhöht und ihnen das Gefühl gegeben, dass sich die Marke um sie als Individuum kümmert.

Eine weitere Strategie, mit der Perfect Diary seine Marke bei den Verbrauchern bekannt gemacht hat, sind seine Kooperationsprojekte. Der Vorteil eines Cross-over-Produkts besteht darin, die Popularität und die Traffic-Begeisterung der beiden Marken zu vereinen und so eine Win-win-Situation zu schaffen. Gleichzeitig weckt das grenzüberschreitende Gimmick die Neugier der Verbraucher und sorgt so für ein größeres Volumen und mehr Diskussionen, was den Marketingeffekt erhöht.

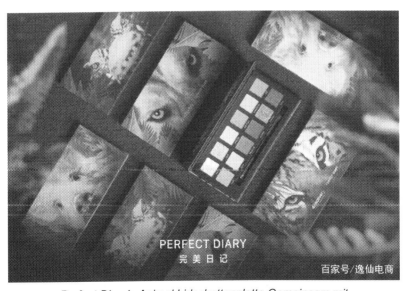

Perfect Diaryís Animal Lidschattenplatte Gemeinsam mit Discovery Channel vermarktet

Die Animal Eyeshadow Palette ist ein zwölffarbiges Lidschattenprodukt, das gemeinsam von Perfect Diary und Discovery Channel auf den Markt gebracht wurde. Bei der Markteinführung dieses Produkts wählte die Marke vier KOLs aus, die jeweils eine Nischen-Make-up-Gruppe ansprechen. Es gibt verschiedene Paletten zur Auswahl, z. B. die Piggy-Palette, die Crocodile-Palette, die Kitten- oder Puppy-Palette (mein Favorit war die Kitten-Palette!).

Zum Beispiel unterstützt @小猪姐, die 5 Millionen Weibo-Fans hat, die Piggy-Palette. Ihr Aussehen ist eher sanft und süß, und sie imitiert oft Make-up aus Japan und Südkorea.

Die Sprecherin der Crocodile-Palette ist Vivekatt, die 1 Million Weibo-Fans hat. Zwar hat sie nicht so zahlreich Fans wie die Sprecher der anderen Paletten (alle über 2,5 Millionen Fans), aber Vivekatt spricht mit ihren oft hellen, farbenfrohen Make-ups eine feste Zielgruppe von Menschen an, die dieses untypische asiatische Make-up mögen.

Die Hauptkonsumenten von Perfect Diary sind junge Menschen, die nach Individualität streben und nicht nach den Idealen früherer Generationen. Sie haben sich zu einer Generation entwickelt, die nach Individualisierung strebt. Die Wahl von „Discovery Channel" als Co-Branding-Element entsprach daher dem Bedürfnis dieser Personengruppe nach Integration von Persönlichkeit und Kultur.

Yatsen, die Muttergesellschaft von Perfect Diary, möchte diesen Erfolg auf ihre anderen Marken übertragen. Das Unternehmen entwickelt sich zu einem E-Commerce-Beschleuniger, der mehrere Schönheitsmarken beherbergt, die teilweise von dem Unternehmen selbst geschaffen und teilweise eingekauft wurden. Zusammenfassend lässt sich sagen, dass sich der Erfolg von Perfect Diary vor allem auf den organisierten Einsatz von KOLs konzentriert, die sie in verschiedene Kategorien einteilen und so einen explosiven Effekt erzeugen, der das Produkt in den Zielmarkt einbringt. Ihre neuen Kooperationen mit Content-Kanälen, die von ihrer Zielgruppe verfolgt werden, erneuern die „Frische" der Marke bei ihrem Publikum. Und schließlich ist es die Nutzung der „privaten Traffic-Sphäre", womit auf einer persönlichen Basis mit den Kunden kommuniziert und die Stickiness der Marke bewahrt wird. Ich bin gespannt auf die zukünftigen Marken, die dieser E-Commerce-Beschleuniger entwickeln wird.

Fallstudie: Adopt-a-Cow, ein neues Verkaufsmodell in der Konsumgüterindustrie

> Marke: Adopt-a-Cow
> Errungenschaften: Umsatz von 2 Milliarden und Aufstieg zur Nummer eins im Tmall-Milchgeschäft, wobei die beiden großen etablierten Unternehmen innerhalb von drei Jahren überholt wurden
> Was den Erfolg ausmachte: sein einzigartiges Geschäftsmodell, mit dem es in eine traditionelle Branche eindrang

Im Jahr 2012 reiste Xu Xiaobo nach Hongkong und kaufte acht Dosen Milchpulver für sein Baby. Doch als er den Zoll in Hongkong passieren wollte, wurde er vier Stunden lang in einem kleinen dunklen Raum festgehalten, weil er mehr Milchpulver bei sich hatte als die maximal für die private Einfuhr erlaubte Menge von zwei Dosen.

Nachdem er nach Festlandchina zurückgekehrt war, beschloss er, seine eigenen Kühe zu züchten und seine eigene Milch zu melken. Dies war der Beginn von Adopt-a-Cow, einer Internet-Milchmarke, die 2018 schnell zu Ruhm gelangte.

Die Milchwirtschaft war, wie jede traditionelle Branche, über Jahre hinweg von zwei großen Akteuren geprägt worden. In diesem Fall waren es Mengniu und Yili, beides Molkereigiganten, die inzwischen die Olympischen Spiele gesponsert haben. Natürlich waren sie auch die beiden dominierenden Marken bei Tmall. In dem Jahr, in dem ich 2018 zu Tmall kam, führte die Anzeigetafel diese beiden noch an. Ein paar Jahre später war Adopt-a-Cow jedoch die Nummer eins. Während des Tmall Double 11 im Jahr 2020 verkaufte Adopt-a-Cow Ware für mehr als 100 Millionen RMB und wurde zum führenden Flagship-Store für Milchprodukte.

Wie hat diese Molkereimarke das geschafft?

Durch ein innovatives Vertriebsmodell, das in kurzer Zeit eine große Zahl von Verbrauchern anziehen konnte. Das zeigt sich auch im Namen: Adoption.

Die erste Art ist die Cloud-Adoption, die der Cloud-Zucht von Katzen und Hunden entspricht. Die Nutzer können Taobao- oder WeChat-Miniprogramme nutzen und ein Spiel spielen, bei dem sie Rinder „aufziehen", ähnlich dem Spiel, bei dem sie ein Tamagotchi Pet aufziehen und die Live-Übertragungen der Ranch verfolgen.

Die zweite Möglichkeit ist die gemeinsame Nutzung. Die Nutzer können saisonale, halbjährliche und jährliche Mitgliedskarten erwerben und ein Abonnementprodukt das ganze Jahr über genießen.

Die dritte Art ist die echte Namenspatenschaft, d. h. ein echter Partner in der Viehzucht zu werden. Dazu müssen die Nutzer ein Jahr im Voraus Milch auf der exklusiven Ranch reservieren. Die ranghöchsten Mitglieder können auch die Kühe benennen, und Adopt-a-Cow sendet regelmäßig Fotos der Kuh und verschiedene Wachstumsdaten an den Besitzer.

Dieses Modell wurde durch einen ähnlichen Investitionsfall für Yunfang Tea Garden inspiriert. Als privater Teegarten der Spitzenklasse in China verfügt Yunfang über einen begehrten Garten von 30.000 ha im Berg Emei. Diese kleinen Teegärten werden an Nutzer mit einem fünfjährigen Ernterecht verkauft, und die Nutzer können jedes Jahr eine bestimmte Menge des von diesem Teegarten produzierten Tees beziehen.

Das Modell der Cloud-Freigabe kann auch als „Adoption eines Teegartens" bezeichnet werden. Dieses Modell lässt sich also leicht auch auf Weinberge anwenden.

Foto des Adopt-a-Cow-Betriebs

Das Modell von Adopt-a-Cow ähnelt dem Geschäftsmodell eines traditionellen Offline-Dienstleisters wie z. B. eines Friseursalons. Die Mitglieder müssen eine Karte kaufen, in der Regel in Form eines großen Pauschalbetrags, der es dem Mitglied ermöglicht, einen Betrag von X USD als Geschenk zu erhalten. Auf diese Weise kann der Offline-Dienstleister schnell einen hohen Geldbetrag auf seinem Konto anhäufen, der große Offline-Investitionen sofort ausgleicht.

Um mehr Menschen für die Beantragung von Adoptionskarten zu gewinnen, hat Adopt-a-Cow auch Botschafter rekrutiert und das Affiliate-

Marketing eröffnet, wobei das Konzept des „Cow-raising partner" zum Tragen kommt. Wenn Sie z. B. ein Botschafter werden und an einen Freund verkaufen, können Sie potenziell 15 % an Provisionen verdienen.

Kommt Ihnen dieses Modell bekannt vor? Mary Kay funktionierte auf die gleiche Weise. In der Tat kann diese Art von Programm auf jede Art von Produkt angewendet werden.

Die Molkereiindustrie ist ein roter Ozean. Wenn ein Verbraucher in einen Lebensmittelladen geht und eine Packung Milch kaufen möchte, denkt er kaum über die Wahl zwischen Marke X und Y nach. Die Marke, die näher an der Kühlschranktür liegt, wird am Ende auch getrunken. Das ist sehr ähnlich wie der Wettbewerb zwischen Coca-Cola und Pepsi. Bei diesen Instant-Konsumgütern besteht das schwierigste Problem darin, wie man näher an den Verbraucher herankommt.

Viele regionale Milchmarken haben sogar eine Milchbox an der Tür eines jeden Haushalts aufgestellt. Solange der Nutzer eine Reservierung vornimmt, kann er mit Sicherheit jeden Morgen beim Aufstehen die frischeste Milch trinken. Adopt-a-cow kann also nur dann gegen diese Art von Konkurrenten gewinnen, wenn es gelingt, mehr Kunden für das Adoptionssystem zu gewinnen. Derzeit macht der Online-Verkauf von Adopt-a-Cow etwa 70 % des Gesamtumsatzes aus. Aus der Sicht der gesamten Milchwirtschaft machen die Online-Kanäle weniger als 10 % aus. In diesem Bereich ist Adopt-a-Cow der Gewinner.

Ist das ein Marketingtrick? Auf jeden Fall! Diese Molkereimarke hat gerade einen neuen Weg gefunden, in eine starre, traditionelle Branche einzudringen. Aber das Konzept geht auf. In einer Zeit, in der die Verbraucher immer vehementer darauf drängen zu wissen, woher ihre Lebensmittel kommen, ist eine Marke, die auf Rückverfolgbarkeit setzt, auf jeden Fall auf einem guten Weg, zu gewinnen.

FALLSTUDIE: LI ZIQI, EINE LEKTION IN TRAFFIC-MONETARISIERUNG

> Marke: 李子柒 Li Ziqi
> Eine Errungenschaft: Ein YouTube-Kanal, der schließlich zu einem bekannten Markennamen in der Lebensmittelbranche wurde
> Was den Erfolg ausmachte: tadelloser und einzigartiger Inhalt, der traditionelle bäuerliche Produkte in eine moderne Marke verwandelt

„So sehr ich die moderne Technik auch liebe, ich kann meine Sehnsucht nach dieser Art von Leben nicht unterdrücken. Sie scheint in der Lage zu sein, jeden Teil der Ernte in eine Delikatesse zu verwandeln. Sie möchte unbedingt die gleichen Rezepte haben, und sie möchte auch die traditionelle chinesische Kultur in dem Video verstehen."

„Ich leide seit vier Jahren an Depressionen. Wenn ich mir das Video dieses Mädchens ansehe, finde ich immer meinen Seelenfrieden. Als das Popcorn explodierte, schrien sie und der Welpe vor Schreck auf, und ich fühlte mich voll von dem Feuerwerk des Lebens."

„Die kleinen Dinge, mit denen sie sich um ihre Großmutter kümmerte, erinnerten mich immer an meine Heimatstadt, meine Kindheit und meine Eltern. Ich danke Ihnen für das Video. Bitte drehen Sie weiter."

Dies sind die Kommentare, die man unter Li Ziqis YouTube-Videos finden kann.

Ein Foto von Liziqi in ihrem Haus

Li Ziqi, ein Mädchen aus Sichuan, das in den 1990er-Jahren in einer armen Familie geboren wurde, hat fast mythische Züge und wurde mit faszinierenden Landschaftsaufnahmen gefilmt. Sie wurde von ihren Großeltern in den Bergen großgezogen. Im Alter von vierzehn Jahren begann sie zu arbeiten, zunächst als Kellnerin in einem Restaurant und als DJ in einer Bar. Später kehrte sie zurück, um sich um ihre kranke Großmutter zu kümmern. Nach ihrer Rückkehr nach Hause eröffnete Li Ziqi einen Online-Shop. Sie begann, kurze Videos zu drehen, weil sie ihr Geschäft diversifizieren wollte. Das Ergebnis war, dass der Online-Shop nicht populär war und das Video populär wurde.

Li spricht in ihren Videos nur selten, stattdessen dominieren Natur- und Kochgeräusche sowie ruhige Musik das Video. Eine Zeitschrift beschrieb ihre Videos als eine ASMR-Trance. „Die einzige Erzählung ist das freundliche Geplänkel zwischen Li und ihrer Großmutter, aber die Geräusche – der Gesang der Vögel, das Knirschen des Reifs unter den Füßen, das Klopfen eines Hackbeils, das Brutzeln des Knoblauchs – versetzen einen in eine ASMR-Trance".

Unter den vielen in- und ausländischen Inhaltsplattformen, die das Unternehmen betreibt, sind die Einnahmen aus YouTube die größten. Li Ziqis 100 Videos auf YouTube haben insgesamt 2 Milliarden Aufrufe, mit durchschnittlich 25 Millionen Aufrufen pro Video, und das beliebteste Video hat fast 100 Millionen Aufrufe. Laut der Prognose von Nox Influencer kann Li Ziqis jährliches Einkommen durch die Aufteilung des Traffics auf der YouTube-Plattform bis zu 40 Millionen RMB betragen.

In nur wenigen Jahren hat Li Ziqi die traditionelle chinesische Esskultur zum Thema gemacht und zeigt mit ihren wunderschönen archaischen Kameraeinstellungen und ihrem ländlichen Erzählansatz eine Reihe von pastoralen Landschaften, die sich vom schnelllebigen Leben im Betondschungel unterscheiden und die Sehnsucht nach einer Flucht aus dem Stadtleben wecken.

Im September 2016 erhielt Li Ziqi eine private Nachricht von einer MCN-Organisation namens Weinian, die einen Vertrag mit ihr abschließen wollte. Eine MCN-Organisation ist ein Unternehmen, das ähnlich wie eine Agentur Verträge mit Prominenten abschließt, um sie zu vermarkten. Sie verdienen Geld, indem sie KOLs zu Internet-Berühmtheiten machen.

Mit den auf der Videoplattform gesammelten Fans als Traffic-Quelle eröffnete Li Ziqis gleichnamiger Tmall-Flagship-Store offiziell im August 2018. Es war Weinian, der Li Ziqi half, verpackte Produkte für die Gerichte zu entwickeln, die sie in ihren Videos zubereitete. Plötzlich konnten ihre Zuschauer Dinge kaufen, die sie täglich in ihren Videos sahen.

Im Jahr 2019 betrug der jährliche Gesamtumsatz des Tmall-Flagship-Stores von Li Ziqi 71 Millionen RMB. Die Epidemie im Jahr 2020 beschleunigte die Entwicklung des E-Commerce, und der Jahresumsatz des Flagship-Stores von Li Ziqi erreichte 1 Milliarde RMB. Zu den Produkten gehören vor allem Schneckennudeln, gedämpfte Reiskuchen aus lila Süßkartoffeln und Lotuswurzelnudeln, die auch heute noch sehr beliebt sind.

In den Schneckennudeln, die in China inzwischen sehr beliebt sind, sind keine Schnecken enthalten (zumindest nicht in ihrer Version). Der stinkende Geruch der Nudeln scheint jedoch genau das zu sein, wonach sich die Fans sehnen, ähnlich wie der stinkende Tofu, der in Hunan ein beliebtes Streetfood ist.

Li Ziqi IP stützte sich auf den Fan-Traffic auf Übersee-Plattformen und expandierte später zu einer unabhängigen grenzüberschreitenden E-Commerce-Website. Die Produkte auf der Plattform unterscheiden sich von den Tmall-Markengeschäften, die sich hauptsächlich auf Lebensmittel, traditionelle chinesische Kleidungsaccessoires, Küchengeräte und Kunsthandwerk konzentrieren.

Heute sind ihre Produkte in fast jedem Supermarkt in China zu finden, denn die Online-Marke hat sich auch in den Offline-Märkten erfolgreich verankert.

FALLSTUDIE: NEIWAI, DIE VERÄNDERUNG DER CHINESISCHEN WAHRNEHMUNG VON SCHÖNHEIT

> Marke: NEIWAI (Übersetzt: innen und außen)
> Eine Errungenschaft: eine neue Definition des positiven Körperbewusstseins in China für die Wäscheindustrie
> Was zum Erfolg geführt hat: Differenzierung bei den Marketinginhalten

NEIWAI hat auf dem chinesischen Wäschemarkt für Aufsehen gesorgt, indem es die traditionellen Schönheitsnormen, die seit jeher dünne Mädchen und Push-up-BHs bevorzugen, gegen die Akzeptanz aller Körpertypen, Komfort und Einfachheit eingetauscht hat. Das Aussehen der Victoria's-Secret-Engel war auch viele Jahre lang das vorherrschende Bild für den Verkauf von Unterwäsche in China. NEIWAI hat die Metallstruktur im Inneren der BHs entfernt, um den Komfort der Frau zu erhöhen. Das Produktdesign dieser Marken spricht auch die Lifestyle-Vorlieben jüngerer Frauen an. NEIWAI engagiert sich im Kampf gegen Altersdiskriminierung und Größenvorurteile.

NEIWAI bedeutet übersetzt „innen und außen". Der Gründer der Marke sagt, dass das „Nei-" von NEIWAI für das „Innere" steht, das Herz und die Akzeptanz aller Emotionen, die in das Herz gelangen. Das „-wai" von NEIWAI ist das „Außen" und steht für den Körper und die Akzeptanz der Schönheit der verschiedenen Körper. Der Markenname hat das Markengefühl von NEIWAI etabliert, sich immer auf den „Menschen" innen und außen zu konzentrieren und Frauen zu ermutigen, ihren Körper zu befreien und zu sich selbst zurückzukehren.

NEIWAI wurde als eine Marke bezeichnet, die wie ein „Liebesbrief an die Frauen" ist. Von den Produkten, der Ästhetik des Designs, der hohen Qualität der Stoffe, der Beharrlichkeit des Komforts bis hin zur Gestaltung der Inhalte in den Geschäften – all das zeigt, wofür die Marke steht: eine Veränderung in der Lingerie-Branche.

Im Jahr 2012 sind die Verbraucher von NEIWAI „eine Gruppe von Pionierfrauen mit Bildungshintergrund in Übersee und Selbstvertrauen in ihren Körper. Sie sind jung und reif und möglicherweise bereits Mütter, so dass sie höhere Anforderungen an den Komfort von Unterwäsche haben. Doch in den letzten Jahren haben sich die Nutzerinnen der Marke allmählich diversifiziert und sind jünger geworden. Der Kundenstamm der 18- bis 25-Jährigen ist von 25 % im Jahr 2017 auf 37 % im Jahr 2019 gestiegen. Diese Generation junger Menschen begrüßt den Marketing-Ethos der Marke, der zur Akzeptanz verschiedener Körper aufruft, so dass sie ein hohes Identitätsgefühl mit dem Markenkonzept von NEIWAI haben.

Kürzlich wurde Faye Wong, ein internationaler Popstar, als globale Sprecherin der Marke ausgewählt, die die Persönlichkeit der Marke mit ihrem freien und ungezügelten avantgardistischen Ausdruck in Musik, Mode, Film und Leben widerspiegelt. Was ursprünglich eine Unterwäschemarke war, hat sich langsam zu einer Lifestyle-Marke für Intimbekleidung aller Kategorien entwickelt. NEIWAI hat sich auf Schlafanzüge, Homewear und Freizeitkleidung ausgedehnt und ist seit Kurzem auch auf dem Markt für Sportbekleidung vertreten.

Ihre vielleicht erfolgreichste Produktlinie ist die „Zero Min"-Serie, die sich bis heute großer Beliebtheit erfreut. Der Aufstieg dieser Produktserie hat viel mit dem feministischen Trend zur Befreiung des Körpers zu tun und dem gleichzeitigen Streben nach Freiheit.

Produktfotos von Neiwais Website

NEIWAI begann mit der Ansiedlung von Geschäften in Einkaufszentren der ersten Kategorie wie Kerry Center und Swire, um ein Markenimage im mittleren bis gehobenen Segment und eine solide Positionierung im Einzelhandel zu etablieren, und eröffnete dann nach und nach Geschäfte in Einkaufszentren des mittleren Segments.

NEIWAI zog auch unerwartet eine Gruppe von Frauen an, die Gruppe der LGBT, der Homosexuellen, Bisexuellen und Transgender, die andere Bedürfnisse hatten, weil sie engere BHs wollten, um ihren Körper zu stützen und ihre Brüste kleiner aussehen zu lassen. Da die Vielfalt immer im Mittelpunkt der Marke stand, sucht das Produktteam von NEIWAI ständig nach Möglichkeiten, die Stoffe weiterzuentwickeln, um den verschiedenen Nischengruppen gerecht zu werden.

Fallstudie: Zihaiguo, ein Versuch, Instantnudeln zu ersetzen

Marke: 自嗨锅 Zihaiguo Self Heating Hot Pot
Erreichtes: Umsatzvolumen von 100 Millionen USD innerhalb von 3 Jahren
Der Grund für den Erfolg: das Verständnis für die Bedürfnisse des Zielmarktes und das frühzeitige Aufgreifen des Trends der „lazy economy".

Der Kauf von Instantnudeln ist für eine chinesische Familie so selbstverständlich wie der von Toilettenpapier. Sie gelten als unverzichtbarer Bestandteil des Vorrats, als Grundnahrungsmittel, das konsumiert wird. Mit einem jährlichen Verbrauch von 44 Milliarden Stück ist dies eines der größten Lebensmittelsegmente in China.

Ich hatte das Team von Zihaiguo auf einer Lebensmittelkonferenz im Jahr 2018 kennengelernt, ein Jahr nach der Einführung der Marke. Der Brand Director war von Kopf bis Fuß in Schwarz gekleidet und sah aus wie jemand, der auf dem Laufsteg einer Alexander-Wang-Modenschau steht. Es handelte sich um eine Konferenz der Lebensmittelbranche, auf der Branchenexperten von Beratungsunternehmen mit ausgefallenen Powerpoint-Folien zugegen waren. Als Zihaiguo an der Reihe war, zeigte das Team nacheinander drei Folien mit schwarzem Hintergrund und blutroten Buchstaben in einer komischen Schriftart. Die Folien lauteten: Spaß, Jung, Einfach.

„Zi Hai Guo, Zi Hai Guo, eine Person kann Zi Hai Guo essen", das magische Lied von Zihaiguo ertönte 2018 in allen größeren Gebäuden und Einkaufszentren. Man konnte Zihaiguo in Live-Übertragungsräumen und Unterhaltungssendungen großer Fernsehsender sehen.

Ein in Japan weit verbreitetes Produkt, das in westlichen Ländern kaum bekannt ist, besteht aus zwei Schalen, bei dem die untere ein Päckchen enthält, das sich erhitzt, wenn kaltes Wasser darüber gegossen wird. Wenn man den Deckel der oberen Schale schließt, erhitzt der in der unteren Schale erzeugte Dampf die obere Schale, in der sich das Essen befindet. Zihaiguo hat bereits mehrere Gerichte im Angebot, von denen einige Reis enthalten. Gedämpfter Reis in 15 min, kein Reiskocher oder Strom notwendig. Die einzige externe Zutat war kaltes Wasser. Sein Maskottchen ist ein Astronautenhund, der behauptet, Zihaiguo sei das Essen der Raumfahrer.

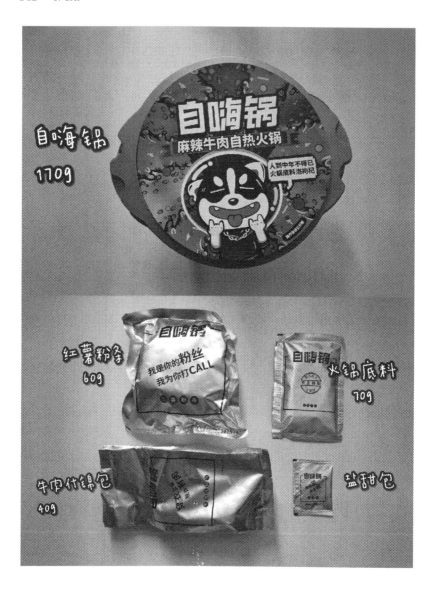

Früher waren Instantnudeln die Königsklasse der Fertiggerichte, aber auch dafür war heißes Wasser erforderlich, das manchmal schwer zugänglich ist. Diese Art des „Kochens" war für die Generation Z, die wenig Kochkenntnisse und wenig Geduld für die Zubereitung von Mahlzeiten aufbringt, sehr naheliegend.

Diese junge Marke, die vor weniger als drei Jahren gegründet wurde, ist sehr schnell populär geworden, hat die Hälfte der Unterhaltungsbranche beeinflusst und ist zum Repräsentanten der aktuellen Internet-Promi-Marke geworden.

Die vielleicht größte und richtigste Erkenntnis von Cai war sein Gespür für den aktuellen Trend. Das chinesische Wort 宅, das Haus bedeutet, hat sich in den letzten Jahren zu einem Adjektiv entwickelt, das Menschen beschreibt, die lieber zu Hause bleiben. In Verbindung mit einer verzögerten Heirat gibt es viele junge Menschen, die alleinstehend sind. „Zu Hause und alleinstehend" mag in einem westlichen Kontext etwas unglücklich klingen, in einem chinesischen ist es die Norm.

Laut dem „2018 Consumer Trends Report" von CBN Data ist die Zahl der Nutzer der Essenslieferdienst-App unter 24 Jahren um mehr als 10 Millionen gestiegen, was 44 % des Wachstums ausmacht. Andere Daten zeigen, dass Chinas Single-Bevölkerung im Jahr 2018 260 Millionen erreicht hat, von denen mehr als 77 Millionen Erwachsene allein leben.

„Zu Hause und Single", der neue Lebensstil der jungen Leute von heute, hat dazu geführt, dass sich in der Fast-Food-Industrie eine neue Sparte entwickelt hat, und Zihaiguo ist bisher der größte Gewinner gewesen.

Wo es einen Markt gibt, gibt es auch Wettbewerb. Bis heute sind Hunderte von Marken auf den Markt gekommen. Bei den selbsterhitzenden Kochtöpfen gibt es nicht nur aufstrebende Marken wie Zihai Pot, sondern auch bekannte Kochtopfmarken wie Haidilao.

Obwohl Zihai Pot nicht das erste Unternehmen ist, das auf dem Markt für selbsterhitzende Lebensmittel tätig ist, hat es sich durch Werbeslogans wie „Nicht alle selbsterhitzenden Kochtöpfe sind Zihai Pots" in die Köpfe der Verbraucher gebrannt. Heutzutage fragen sich viele Verbraucher, welche Marke von selbsterhitzenden Töpfen lecker ist. In den Köpfen der Verbraucher steht die Marke Zihai Pot an der Spitze.

Im Jahr 2018 gingen die Produkte online und erzielten in nur drei Quartalen einen Umsatz von über 100 Millionen RMB. Im Jahr 2019 erreichte der Umsatz fast 800 Millionen RMB. Die Epidemie wurde hier zu einem Segen. Da die Menschen eingeschlossen waren, war die Lieferkette für frische Lebensmittel stark beeinträchtigt, was dazu führte, dass der Umsatz von Zihaiguo um mehr als 200 % stieg. In der ersten Hälfte des Jahres 2020 hat Zihaiguo einen Umsatz von 600 Millionen RMB erreicht.

Derzeit gibt es fast 200 Artikel, darunter Hot Pot, Tontopf-Reis und Spicy Hot Pot. In Zukunft sollen auch heiße Trockennudeln, Chongqing-Nudeln und andere Produkte angeboten werden.

Die vielleicht größte Besonderheit im Marketing von Zihaiguo ist die Veränderung des Kontexts, in dem die Marke verwendet wird. Erinnern Sie sich an die letzte Etappe des Dreiecks, das wir besprochen haben: Mensch, Produkt und Kontext? Zihaiguo hat sein Produkt auf vier „Szenen" eingegrenzt: Zu Hause, am Arbeitsplatz, in der Freizeit und im Freien. Wenn Zihaiguo das Produkt an diesen verschiedenen Orten platziert, stellt es sich vor, dass der Verbraucher das Produkt in vollen Zügen genießt. Ziel ist es, den Verbraucher dazu zu bringen, an den selbsterhitzenden Kochtopf zu denken, wenn er sich in diesem Kontext befindet.

Während der Pandemie war der Livestream auch ein großer Vorteil für Zihaiguo. Aufgrund der Zubereitung in mehreren Schritten dauert eine Demonstration des Produkts länger als die eines Produkts mit weniger Zubereitungsschritten. Die potenziellen Verbraucher sahen zu, wie die Top-KOLs die Verpackung öffneten und wie sie das Wasser, den Reis, die Soßen und das Fleisch aus den Tütchen jeweils einzeln zum Produkt hinzufügten. Ähnlich wie Betty Crocker im modernen Marketing beim Verkauf von Backmischungen, bei denen der Verbraucher die Illusion des „Kochens" hat, machte Zihaiguo das Gleiche mit einem Tontopf-Reisgericht oder einem Hot Pot. Durch das Öffnen jeder Packung und das Aufgießen von Wasser hat der Verbraucher ebenfalls die Illusion des „Kochens".

Fallstudie: Saturn Bird, Verflechtung von Nachhaltigkeit und Kaffee

> **Marke:** 三顿半 Saturn Bird Coffee
> **Errungenschaften:** 62 Millionen USD in 5 Jahren, Eröffnung des ersten Offline-Standorts im Jahr 2021
> **Der Grund für den Erfolg:** die Entwicklung eines gefriergetrockneten Kaffees, der von den Verbrauchern als bequemer empfunden wurde als frisch gebrühter Kaffee

China ist traditionell ein Teemarkt. Die chinesischen Verbraucher trinken neunmal mehr Tee als Kaffee. Aber das ändert sich langsam, vor allem unter den jungen Städtern in den Stufe-1-Städten. Die Kaffeeindustrie in China hat ein Volumen von rund 14 Milliarden USD und wächst immer noch um 10 % pro Jahr.

Saturn Bird Produktfotos

Saturn Bird Coffee wurde 2015 in Changsha gegründet und bietet hauptsächlich gefriergetrockneten Instantkaffee in kleinen Tassen an. Im Gegensatz zu herkömmlichem Instantkaffee, der sich nur in heißem Wasser auflöst, kann gefriergetrocknetes Kaffeepulver in kaltem Wasser und

Milch aufgelöst werden, was bequemer ist und mehr Kaffeegeschmack bewahrt.

Im Double 11 des Jahres 2021 war Saturn Bird die Nummer 1 in der Kategorie Kaffee und damit größer als jede traditionelle Instantkaffeemarke wie Nescafe oder Maxwell.

Vor der Gründung von Saturn Bird Coffee hatte der Gründer Wu Jun jedoch acht Jahre lang ein Offline-Café in Changsha betrieben. Diese Offline-Kette hatte nicht annähernd die Kapazität, die eine Online-Marke erreichen könnte. Das hat ihn zu Saturn Bird Coffee geführt. Sein größtes Problem war die Frage, ob das Produkt mit frisch gebrühtem Kaffee in einem physischen Geschäft konkurrieren kann, von dem immer angenommen wurde, dass er besser schmeckt als Instantkaffee.

Die Gefriertrocknung ist technisch gesehen keine neue Technologie, aber die „Kombination aus Bequemlichkeit und Qualität" entspricht den Verbrauchergewohnheiten im Zuge der Popularisierung der Kaffeekultur. Bis 2021 werden auch Marken, die frisch gemahlenen Kaffee anbieten, gefriergetrocknete Kaffeeprodukte auf den Markt bringen, wie z. B. K Café von KFC.

Das Transaktionsvolumen, die durchschnittliche jährliche Wachstumsrate, die Wiederkaufsrate, die Bruttogewinnspanne und die Kundenakquisitionskosten sind die Schlüssel zur Messung der Gesundheit einer Online-Marke.

Ein hoher Bruttogewinn bedeutet relativ viel Spielraum für Marketingausgaben. Wu Jun hat das Marketing ein wenig anders gestaltet als seine traditionellen Kaffeekollegen und stattdessen ein Element der Nachhaltigkeit einbezogen. Im Jahr 2019 eröffnete Saturn Bird Coffee einen Recycling-Plan, bei dem Nutzer leere Kaffeebecher zurückgeben können. Der Nutzer kann den leeren Becher zu einem bestimmten Zeitpunkt in das kooperierende Offline-Boutique-Kaffeegeschäft bringen, um neuen Kaffee und Waren einzulösen. Am Double 11 desselben Jahres übertraf das Transaktionsvolumen des Flagship-Stores von Saturn Bird Coffee zum ersten Mal das von Nestlé Coffee.

Wu Jun sagte, dass der Umsatz von Saturn Bird Coffee in der ersten Hälfte des Jahres 2021 den des Jahres 2020 übertroffen habe und der Umsatz von Saturn Bird Coffee im Jahr 2020 fast 400 Millionen RMB betrage. In den letzten drei Jahren hat Saturn Bird Coffee eine jährliche Wachstumsrate von 100 bis 200 % beibehalten, mit einer Wiederkaufsrate von fast 50 %.

Es wird prognostiziert, dass der chinesische Kaffeemarkt bis 2025 auf 144,7 Milliarden RMB ansteigen wird. Der Umsatz von Tmall mit Instantkaffee betrug im vergangenen Jahr jedoch nur etwa 5 Milliarden RMB, was bedeutet, dass es noch viel Raum für Wachstum gibt.

Nach einem erfolgreichen Start auf Tmall erwägt diese Internetmarke nun die Eröffnung von Offline-Läden.

Seit 2020 ist das Kapital in den Markt für frisch gemahlenen Kaffee geflossen, insbesondere in den Markt für preisgünstige Kaffeespezialitäten mit einem Preis von 15 bis 25 RMB. Manner Coffee, eine Kette für frisch gemahlenen Kaffee, hat nur 160 Filialen und wird bereits mit fast 3 Milliarden USD bewertet. Auch traditionelle Einzelhandelsformate, die ursprünglich viele Vorteile bei der Ladenausstattung hatten, haben Kaffeegeschäfte eröffnet. So haben z. B. die Convenience-Store-Marke „Yi Jie" von Sinopec und ausländische Fast-Food-Ketten wie McDonald's und KFC ebenfalls Kaffeebereiche in ihren Filialen eingerichtet, und ausländische Kaffeemarken wie Tim Hortons, eine Kaffeemarke, mit der ich in Kanada aufgewachsen bin, haben ebenfalls angekündigt, so bald wie möglich tausend Filialen zu eröffnen.

Shanghai ist die Stadt mit der höchsten Dichte an Kaffeegeschäften in China. Auf 10.000 Einwohner kommen drei bis vier Kaffeegeschäfte. Die Gesamtzahl der Kaffeegeschäfte übersteigt die von Städten wie New York und London. Manner Coffee, ein weiterer Mitbewerber im Bereich Frischkaffee, hat derzeit 90 % seiner Geschäfte in Shanghai und ist profitabel.

Die Ironie des Schicksals ist, dass Wu Jun nun das Bedürfnis verspürt, in die Offline-Welt zurückzukehren. Im August dieses Jahres wird Saturn Bird Coffee seinen ersten offiziellen Offline-Konzeptstore in der Anfu Road in Shanghai eröffnen. Nach der Eröffnung des Offline-Ladens wird Saturn Bird Coffee das Mitgliedschaftswachstumssystem als Kernstück nutzen, um Online- und Offline-Kunden zu verbinden und ihnen ein abgerundetes Erlebnis zu bieten.

Formulierung einer Strategie für den E-Commerce in China

Jetzt kommt der unterhaltsame Teil, bei dem wir alles, was wir bisher gelernt haben, zusammenfassen werden. Vom Kernwissen über die theoretischen Konzepte bis hin zum Lernen aus den Erfolgen, die wir in China gesehen haben. Was sind die konkreten Schritte, die Sie tun müssen, um E-Commerce in China zu etablieren?

1. **Wählen Sie Ihr Produkt und recherchieren Sie**
   Natürlich müssen wir, bevor wir ein Projekt in Angriff nehmen, zunächst den Markt untersuchen. Es gibt viele Unternehmen, die man für ein solches Unterfangen beauftragen kann, darunter auch meine eigene Firma. (Schicken Sie mir eine Nachricht auf LinkedIn!) Eine Studie über die Größe des Marktes, das Umsatzpotenzial, die aktuellen Lösungen auf dem Markt und die Wettbewerbslandschaft sind alles grundlegende Punkte, die für eine Untersuchung vorgeschlagen werden.
2. **Gestalten Sie Ihre einzigartige Geschichte**
   Auf Chinesisch nennen wir das 品牌定位 pǐn pái dìng wèi, auch bekannt als die Markenpositionierung. Nun, da Sie wissen, was auf dem Markt vorhanden ist, was macht Ihr Produkt besonders? Ist es eine bestimmte Funktion, die ein lokaler Anbieter nicht hat? Ist es die Herkunft des Produkts? Ist es das Material oder der Inhaltsstoff, aus dem das Produkt hergestellt ist? Was macht das Produkt im Grunde genommen einzigartig auf dem Markt? Ich habe viele Marken gesehen, die auf dem heimischen Markt scheinbar preiswert sind, aber weil sie nach China übergesiedelt waren, wurden sie anders positioniert. Pizza Hut beispielsweise ist auf dem US-Heimatmarkt eine relative Massenmarke, wurde aber in China als High-End-Marke positioniert. (In China gehen die Leute bei Pizza Hut auf ein Date!) Oder eine Marke wie Tommy Hilfiger, die auf dem Heimatmarkt einen sinkenden Marktanteil hatte, aber nach dem Markteintritt in China einen massiven Umschwung erleben konnte.
3. **Festlegen von Zielen und Meilensteinen**
   Jetzt, da Sie wissen, was Sie einzigartig macht: Was versucht das Unternehmen im nächsten Jahr, in den nächsten drei Jahren, in den nächsten fünf und zehn Jahren zu erreichen? Versucht das Unternehmen einfach, in den Markt einzutreten, um den Umsatz im eigenen Land zu steigern, oder wird dieser Markt als strategischer Markt für die Zukunft der Marke angesehen? Ich habe gesehen, dass viele Marken den Markt betreten wollen, ohne ein konkretes Ziel vor Augen zu haben. Für viele scheint China ein großer Markt zu sein, den es auszunutzen gilt, aber welche Rolle spielt dieser Markt für die größeren Ziele des Unternehmens?
4. **Festlegen eines Budgets für den Markteintritt**
   Wird die Marke nur online oder auch offline auftreten? Oder soll beides gleichzeitig geschehen? Dies hängt damit zusammen, wie die Marke positioniert ist, um in dem Land zu wachsen, und mit den

Zielen, die wir zuvor besprochen haben. Wenn die Marke z. B. nur über eine E-Commerce-Plattform versuchsweise angeboten werden soll, reicht dann ein Kanal aus? Vielleicht ist es klüger, sich auf mindestens zwei verschiedenen Marktplätzen zu etablieren.

5. **Finden Sie einen soliden Partner oder bauen Sie Ihr eigenes Team auf**
   Wenn das Budget recht knapp ist, besteht der erste Schritt für die meisten Unternehmen darin, sich einfach eines Partners zu bedienen, entweder in Form eines Händlers oder eines Tmall Partners (TP). Wenn die Marke auf dem Markt besser etabliert ist, kann sie dann eine eigene Einheit gründen und vor Ort Mitarbeiter einstellen. Es hängt auch davon ab, ob die Marke China als eine langfristige Strategie betrachtet. Einige Marken haben z. B. einen extrem kleinen Heimatmarkt. Um auf globaler Ebene zu wachsen, müssen sie einen großen Markt wie China angehen, um ihr Wachstum aufrechtzuerhalten. In diesem Fall ist es klüger, den Aufbau eines lokalen Unternehmens zu erwägen, um auf dem ausländischen Markt eine solidere Basis zu haben.

6. **Festlegung der richtigen Kommunikationsstrategie für den lokalen Markt**
   Dies ist etwas, das viele Unternehmen übersehen, weil sie denken, dass die Standard-Kommunikationsstrategie auf dem Heimatmarkt auch in China funktionieren wird. Stattdessen wird in China in der Arbeitswelt hauptsächlich über WeChat (eine App, die in Kapitel 1 erwähnt wurde) oder DingTalk (eine Kommunikations-App von Alibaba) kommuniziert. Da für die Besprechung von Geschäftsangelegenheiten Just-in-Time-Kommunikationstools bevorzugt werden, ist die E-Mail bei chinesischen Unternehmen nicht so beliebt, was auch die schnelle Umsetzung von Entscheidungen und Projekten in China erklärt.

7. **Definition von Key Performance Indicators (KPI) und einer Methode zur Messung der Ergebnisse auf dem Weg dorthin**
   Je nachdem, für welche Methode man sich entschieden hat (Verteiler, TP oder Beauftragung eines lokalen Teams), ist es wichtig, der Gruppe die richtigen Leistungsindikatoren zur Verfügung zu stellen, damit sie weiß, was sie innerhalb eines Jahres zu leisten hat. Treffen während des Jahres sind auch notwendig, um zu überprüfen, welche kleinen Meilensteine erreicht wurden.

8. **Überprüfung und Anpassung**
   Ähnlich wie bei der agilen Methodik und dem Wasserfall-Ansatz im Produktmanagement ist auch bei der Projektleitung in China etwas

Ähnliches erforderlich, nur dass man in diesem Fall noch schneller messen und anpassen muss. Bevor ich in China arbeitete, war ich in New York, einer Stadt mit einem Tempo, das aus globaler Sicht als ziemlich schnell gilt. Nach meiner Ankunft in China wurde mir jedoch klar, dass das New Yorker Tempo tatsächlich beschleunigt werden kann. Wir haben bei Alibaba ein Sprichwort, das besagt, dass man lernen muss, den Motor des Flugzeugs auch während des Flugs zu wechseln. Was wir damit sagen wollen, ist, dass viele Projekte nicht zu Ende gedacht werden, bevor sie gestartet werden. In China ist das Konzept des „schnellen Scheiterns" fest verankert. Wenn etwas nicht funktioniert, ist es wichtig zu wissen, dass man sich schnell anpassen und etwas anderes ausprobieren muss.

Wie man am besten mit der Plattform arbeitet

Als ehemaliger Category Manager auf der Plattform habe ich viele verschiedene Arten der Zusammenarbeit mit Marken und TPs kennengelernt. Es gibt definitiv keinen Standard, aber es gibt einige Best Practices, die ich im Folgenden auflisten werde.

Do's

1. **Finden Sie Ihren Category Manager**
   Wenn Sie eine sehr große Marke sind, wird Ihnen höchstwahrscheinlich ein Händlermanager zur Seite gestellt, der Sie im E-Commerce-Prozess unterstützt, da seine KPIs an den Erfolg Ihrer Marke geknüpft sind; je mehr Sie wachsen, desto besser wird diese Person entlohnt. Wenn Sie jedoch eine kleinere Marke sind, werden Sie sich eher auf einen sogenannten Category Manager verlassen. Diese Person ist für das Wachstum einer ganzen Kategorie innerhalb der Plattform verantwortlich, einschließlich der sogenannten „Long Tail Merchants". Fügen Sie Ihren Category Manager auf DingTalk oder WeChat hinzu und versuchen Sie, eine enge und persönliche Beziehung zu ihm aufzubauen.
2. **Vereinbaren Sie vierteljährlich und vor Kampagnen einen Termin mit ihnen.**
   Die Category Manager sind sehr beschäftigt (denken Sie an Ihre Marke multipliziert mit der Anzahl der Marken, für die sie zuständig sind, und das kann manchmal in die Tausende gehen), so dass es sehr schwierig ist, Zeit für ein Treffen mit ihnen zu finden. In der Regel bitten sie je-

doch um ein Treffen mit größeren Marken, wenn es sich um eine Saison vor einer S-Kampagne handelt. Zum Beispiel 618 oder Double 11.

3. **Legen Sie die Ziele einer Marke in einer klar definierten Powerpoint-Präsentation dar.**
   In der Regel wird eine solche Powerpoint-Präsentation von dem TP erstellt und an einen Xiaoer weitergeleitet, bevor das Geschäft eröffnet wird. Je detaillierter diese Powerpoint-Präsentation ist, desto besser. So kann sich die Plattform ein Bild davon machen, was für eine Marke das Geschäft sein wird und worauf sie achten muss.

4. **Aktive Teilnahme an Kampagnen**
   Das ist ein großer Vorteil des chinesischen E-Commerce im Vergleich zu anderen Regionen, denn es handelt sich um plattformgesteuerte Kampagnen, was bedeutet, dass die Plattform einen großen Anreiz hat, so viel Traffic wie möglich in die App zu bekommen. Es gibt von der Plattform bereitgestellte Coupons, die Marken nutzen können, was sie von einer normalen täglichen Kampagne unterscheidet, bei der die Marke für alle angebotenen Rabatte verantwortlich ist.

5. **Von den Besten lernen**
   Die Category Manager werden immer eine Rangliste der meistverkauften Marken in der Kategorie als „Scoreboard" herausgeben. So können Sie sehen, wer in der Kategorie am besten abschneidet. Diese Händler werden von der Plattform aufgefordert, Best Practices zu teilen, was immer nützlich ist. Die Händler-Community unterscheidet sich stark von der im Westen, wo die Informationen eher isoliert sind. Da es das ganze Jahr über viele Händlerkonferenzen gibt, werden viele Informationen und Ressourcen unter den Wettbewerbern derselben Kategorie ausgetauscht, was für eine neue Marke sehr hilfreich ist.

6. **Ressourcen für den Handel**
   Betrachten Sie die Plattform als eine Ressource für Sie. Gibt es z. B. besondere Veranstaltungen wie bestimmte Marketing-IPs, die Sie als Marke erhalten können? Fallen Sie in eine der Kategorien wie „grünes Produkt" oder „soziales Produkt"? Die Plattform bietet mehr und mehr Rabatte und Investitionen in diesen Bereichen, die Sie nutzen können.

7. **Treten Sie der Kategorie DingTalk bei und halten Sie Ausschau nach Ressourcen, die von der Plattform bereitgestellt werden**
   Alle Kategorien haben ihre eigenen DingTalk-Gruppen. DingTalk ist das von Alibaba gewählte Instrument zur Kommunikation mit

Händlern. Ein Kategorie- oder Händlermanager wird über diesen Kanal wichtige Neuigkeiten und Aktualisierungen auf der Plattform bekannt geben. Ein großer Fehler, den ich bei anderen Marken bei der Teilnahme an Marketing-IPs beobachtet habe, ist die Langsamkeit, mit der die Marke reagiert. Bestimmen Sie eine digitale Person, die nach Ressourcen von der Plattform Ausschau hält und diese Informationen so schnell wie möglich an die Zentrale der Marke weiterleitet.

Dont's

1. **Kein Ziel vor Augen**
   KPIs werden immer benötigt, ganz gleich, in welchem Stadium sich das Geschäft befindet, auch wenn es am Anfang nur ein kleines ist. Sie helfen dem Team, sich auf etwas zu konzentrieren, und sind ein guter Maßstab dafür, wie gut eine Marke in der Zukunft abschneiden kann.
2. **Gehen Sie nicht ohne einen Plan hinein**
   Selbst wenn Sie erst am Anfang stehen, sollten Sie einen Plan im Kopf haben und eine Vision davon, wie der chinesische Markt Ihrem Unternehmen insgesamt helfen kann. Für einige Marken ist China aufgrund der Verbraucherpopulation ein langfristiger und strategischer Markt.
3. **Keine Angst vor Experimenten**
   Aufgrund der großen Anzahl von Kanälen in China und der verschiedenen Arten von Marken ist es möglich, dass die wichtigsten Kanäle nicht für Sie geeignet sind. Seien Sie also offen dafür, neue Plattformen und Werbemöglichkeiten auszuprobieren. Das Glück begünstigt diejenigen, die bereit sind zu experimentieren.
4. **Erwarten Sie von der Plattform, dass sie kostenlose Ressourcen bereitstellt**
   Die Plattform hat den Anreiz, schnell wachsende Marken zu übernehmen und sie noch größer zu machen. Daher muss eine Marke zunächst beweisen, dass sie einer solchen Investition würdig ist. Die bloße Eröffnung eines Geschäfts auf der Plattform beweist nicht, dass Sie eine Marke sind, die zusätzliche Ressourcen der Plattform wert ist. Sie müssen mit ersten Zahlen beweisen, dass es sich um eine gute Marke handelt, mit der die Plattform wachsen kann.

Wie man TPs auswählt

Ich habe mit vielen großen und kleinen Marken gesprochen und eine Fülle von Antworten auf ihre Meinungen zu TPs erhalten. Während der Westen in diesem Markt langsam reift, mit dem größten TP-ähnlichen Unternehmen Pattern, einem Venture-Capital-finanzierten Start-up aus Utah, und anderen E-Commerce-Beschleunigern wie Thrasio und Perch, wurde das TP-Geschäft in China viel früher geboren.

Laut dem „China E-Commerce Service Industry Development Report" erreichte die Zahl der inländischen TP-Dienstleister im Jahr 2019 89.000, was einer Wachstumsrate von 9,89 % im Vergleich zum Vorjahr entspricht. Es gibt Tausende kleinerer TPs in China, einige mit nur einem Kunden. Auf der anderen Seite gibt es TPs, die Hunderte von Kunden bedienen und Zehntausende von Mitarbeitern beschäftigen. Die meisten haben sich auf irgendeine Art von Mode, Nahrungsergänzungsmittel oder Schönheit spezialisiert. Für die TPs ist es einfacher, sich Werbeflächen in der App zu sichern, wenn sie erst einmal eine Beziehung mit dem Kategoriemanager der Plattform aufgebaut haben. Dies ist ein weiterer Grund, warum es für TPs von Vorteil ist, sich auf ihre Kategorie zu konzentrieren, anstatt sie zu erweitern.

Baozun
https://www.baozun.com/

Das größte TP zum Zeitpunkt der Erstellung dieses Berichts ist Baozun. Das Unternehmen wird an der NASDAQ unter dem Kürzel BZUN gehandelt und hat eine Vielzahl großer Marken als Kunden, darunter Philips, Microsoft, Nike und viele andere.

Buy Quickly
https://www.buyquickly.com/en/

Dieser TP hat sich vor allem in der erschwinglichen Luxusmode etabliert. Zu seinen wichtigsten Kunden gehören SMCP, Theory, Triumph und andere.

Qingmu
http://www.qingmudigital.com/

Dieser TP ist ein weiterer Massen-TP, der bekannte Marken wie H&M, Ecco, Stuart Weitzman und andere globale Marken beherbergt hat.

Die TPs werden nach einem Sternesystem eingestuft, das jedes Jahr auf der Grundlage von Dateneffizienz, Servicequalität, Größe der verwalteten Marken und allgemeiner Kundenzufriedenheit bewertet wird. Tmall hat für das erste Halbjahr 2020 eine Liste von Dienstleistern mit Sternesystem veröffentlicht. Die Liste ist eine umfassende Bewertung dieser TP-Dienstleister auf der Grundlage relevanter Datenindikatoren. Zu den Bewertungsindikatoren gehören die Betriebsqualität, die Quantität der Dienstleistungen und der umsatzgenerierende Wert.

Tmall hat in seiner 2020er-Runde 486 mit Sternen ausgezeichnete Dienstleistungsanbieter ausgewählt. Darunter sind 12 Sechs-Sterne-Dienstleister (mit einem Schwellenwert von über 1 Milliarde kumulativer Transaktionen), 42 Fünf-Sterne-Dienstleister (mit einem Schwellenwert von 500 Millionen Transaktionen), 58 Vier-Sterne-Dienstleister, 69 Drei-Sterne-Dienstleister (Schwellenwert von 100 Millionen) und 485 Ein- und Zwei-Sterne-Dienstleister (Schwellenwert von 10 Millionen). Unter den Top Ten sind mehr als 80 % der Unternehmen „ortsansässige" Sechs-Sterne-TP-Dienstleister und 20 % sind neue Marktteilnehmer mit hohen Marktzutrittsschranken, während die drei Spitzenreiter 45 % der E-Commerce-Umsatzleistung dominieren und ihre triumphale Position in den letzten zwei Jahren noch immer unerschütterlich ist.

Es gibt jedoch viele andere TPs, die kleiner und möglicherweise reaktionsschneller sind und von Marken gerne genutzt werden. Letztlich geht es um das Team, das sich um Ihre Marke kümmert, was sehr kontextabhängig und subjektiv ist. Das Sternesystem ist ein guter Leitfaden für das gesamte Leistungsspektrum eines Dienstleisters, aber wenn Sie keine große, globale Marke mit 10.000 Artikeln sind, die Sie verwalten müssen, ist es manchmal günstiger, einen kleineren Dienstleister zu beauftragen. Es ist jedoch immer gut, von anderen erfolgreichen Fällen zu hören, die der TP bereits bearbeitet hat.

TP-Geschäftsmodell

TPs haben drei Möglichkeiten, mit der Marke zusammenzuarbeiten: eine monatliche Gebühr plus Provision, Direktkauf und Vertrieb oder Handeln im Namen der Marke und Erhalt einer Provision auf der Grundlage des Gesamtumsatzes.

Monatliche Servicegebühr + Provision
Dies ist vielleicht die häufigste Form der Zusammenarbeit mit einem TP. Da ein TP Kundendienstleiter, Designer und Ladenmanager einstellen muss, um jede einzelne Marke zu verwalten, wird er höchstwahrscheinlich eine monatliche Servicegebühr verlangen, um diese Grundkosten zu decken. Eine Provision ist dann ein Anreiz für den TP, das Geschäft so zu führen, dass der Umsatz maximiert wird.

Derzeit liegen die Preise grob zwischen 20.000 RMB und 100.000 RMB pro Monat, abhängig von der Anzahl der SKUs und dem Erfahrungsniveau des TPs. Die Provision liegt in der Regel zwischen 8 und 20 %. Wenn Sie eine kleinere Marke sind, wird der TP höchstwahrscheinlich eine höhere Servicegebühr und eine niedrigere Provision aushandeln, da das Geschäft wächst und mehr Kunden anzieht. Wenn Sie eine größere Marke sind, können Sie höchstwahrscheinlich eine niedrigere Servicegebühr und eine höhere Provision aushandeln.

Direkt einkaufen
Dieser Modus ist in der Regel am besten für die Marke, wenn sie keine Verantwortung mehr für die E-Commerce-Seite der Dinge trägt. Man kann argumentieren, dass TPs, wenn sie mehr Vertrauen in die Marke haben, bereit sind, direkt zu kaufen. Die Kehrseite der Medaille ist, dass alle gesammelten Daten dem Kunden gehören, es sei denn, die Marke verlangt ausdrücklich, dass diese Informationen weitergegeben werden. Ein weiterer Nachteil besteht darin, dass das Geschäft in diesem Fall vollständig in den Besitz des TP übergehen kann. Wenn die Marke eines Tages wünscht, dass das Geschäft zurückgegeben wird, ist es möglich, dass das gesamte Geschäft geschlossen werden muss und dann mit der Marke als registrierende Partei wieder eröffnet wird. Wenn Sie sich als Marke darauf verlassen, dass der TP die Filiale im Rahmen eines Direktkaufmodells eröffnet, sollten Sie mit Ihrem TP sicherstellen, dass die registrierende Stelle für die Filiale immer noch Sie, die Marke, sind.

Reine Provision
Sehr selten wird der TP ein reines Provisionsmodell verlangen. Dies ist auch für die Marke recht vorteilhaft, da sie ihrem Dienstleistungspartner einfach einen Teil des Umsatzes zukommen lässt. Alle Zahlungen richten sich nach dem erzielten Umsatz. Ein TP könnte in diesem Fall über eine gestaffelte Bonusstruktur verhandeln. Bei einem Umsatz von 0 bis

100.000 RMB beträgt die Provision beispielsweise 5 %. Für jede weiteren Hunderttausend wird die Provision um einen weiteren Prozentsatz erhöht. In diesem Fall erhält der Verrechnungspreis einen richtigen Anreiz für gute Verkaufszahlen, aber nur sehr selten entscheiden sich etablierte TPs für diesen Weg. Wenn Sie jedoch eine große Marke sind, ist es möglich, einen solchen Vertrag auszuhandeln, bei dem der TP weiß, dass ein bestimmter Umsatz garantiert wird.

Eine Schlappe für eine der größten Modemarken der Welt

H&M ist ein Name, der Modefreunden nicht fremd ist. Seine schlichten Designs, erschwinglichen Preise und günstigen Standorte haben in den letzten Jahren weltweit einen großen Marktanteil erobert. Das war auch der Fall, als H&M in China Fuß fassen wollte. Magnus Omstedt, der damalige Leiter der Online-Expansion, sah sich mit einem Problem konfrontiert, als er Tmall ins Auge fasste, denn das Unternehmen hatte bereits einige Filialen in China. Ähnlich wie viele andere Marken, die mit dem Problem der Plattform konfrontiert sind, stand H&M vor einer Frage. Mitmachen oder nicht mitmachen? Und wenn ja, wie sieht das aus?

Damals, als H&M nach China kam, hatte das Unternehmen neben seinen 500 Filialen auch einen offiziellen Online-Shop und ein WeChat-Miniprogramm. Da dies jedoch der erste potenzielle Marktplatz für H&M überhaupt war, zögerte man zunächst. Magnus war sich seit seinem Eintritt in das Unternehmen über die Notwendigkeit einer Tmall-Präsenz im Klaren, beriet sich aber dennoch sowohl mit McKinsey als auch mit BCG, bevor er deren Empfehlung folgte, auf Tmall zu starten.

Für ein großes Unternehmen war die Eröffnung eines H&M-Marktplatzes wie eine Quadratur des Kreises. Alle IT-Integrationen und die notwendige Infrastruktur mussten angepasst werden. Einfache Dinge wie die Lieferkette, die Logistik, das Marketing, der Aufbau eines lokalen Teams und die Buchhaltung waren alles Funktionen, die überarbeitet werden mussten, um den Anforderungen der Plattform zu entsprechen. Für den Start von Tmall musste Magnus eine Reihe von funktionsübergreifenden Projekten innerhalb der Gesamt-Roadmap einrichten, um den Start zu sichern.

Von der Idee bis zur Markteinführung

Das erste Treffen begann mit einer offiziellen Präsentation des Tmall-Teams in Schweden, bei der mehrere wichtige Mitglieder des Alibaba-Europa-Teams anwesend waren. Die komplette Einführung in China von der Idee bis zur Markteinführung dauerte ein halbes Jahr, was für große Unternehmen wie H&M recht schnell ist.

Damals gab es auf Taobao bereits gefälschte Wiederverkäufer, obwohl H&M China bereits mit physischen Geschäften vertreten war und das Logo verwendete. Er wusste, dass dies die Geschäftsleitung abschrecken würde, weiterhin grünes Licht zu geben. Dies sei jedoch für die Plattform ganz normal. Ein hohes C2C-Verkaufsvolumen würde der Marke nämlich zeigen, dass bereits ein Interesse seitens der Verbraucher an der Plattform besteht.

Als das Projekt immer weiter ausgereift war, flog der CEO der Marke H&M nach China, nach Hangzhou. Magnus erinnert sich, dass der Tisch im Sitzungssaal so groß war, dass niemand die andere Seite des Tisches erreichen konnte, um sich die Hand zu geben. Die Powerpoint-Präsentation auf dem Bildschirm zeigte einige Zahlen für Double 11, darunter auch Zahlen von Wettbewerbern. Das Alibaba-Team hatte einen Vorschlag, der auch die erforderliche Marketingunterstützung enthielt. Er erinnerte sich an den Tonfall des Teams, als ob die Marke für Alibaba nicht sehr wichtig sei, aber angesichts der Tatsache, dass H&M der letzte Fast-Fashion-Händler war, der auf der Plattform startete, erkannte er, dass dies nur Teil der Verhandlungsstrategie war.

Magnus erinnert sich, dass er einige Monate nach dem Start, als er auf dem Alibaba-Campus herumspazierte, ein internes Branding-Poster in den Mitarbeiterbadezimmern sah, das den Erfolg von H&M auf Tmall anpries.

Das Management von H&M war damals besorgt über die Kannibalisierung der Marke durch die Einführung des Tmall-Geschäfts. Sie dachten, dass dies möglicherweise die physischen Läden auffressen würde. Tmall dient jedoch als Markenbeamer in ganz China: Die Einführung von Tmall führte zu mehr Kunden-Traffic in den Geschäften, eine Vorhersage, von der Magnus wusste, dass sie eintreten würde. Später experimentierten sie mit der Idee, die Lieferung über das Geschäft abzuwickeln, ein praktischer Schritt für viele Modemarken.

Nach der erfolgreichen Einrichtung von Tmall wurde H&M gegenüber Marktplätzen im Allgemeinen sehr viel positiver eingestellt und hat seither auf mehreren anderen Marktplätzen Fuß gefasst, um an den Erfolg von H&M in China anzuknüpfen.

Die Dinge nehmen eine Wendung

Als das PR-Team von H&M im Jahr 2020 ankündigte, den Kauf von Baumwolle aus Xinjiang nicht mehr zu unterstützen, gingen chinesische Internetnutzer wütend gegen die Marke vor. Über Nacht wurde der Beitrag von Millionen von chinesischen Verbrauchern verbreitet, die zum Boykott der Marke aufriefen. Der Tmall-Laden wurde über Nacht von der Regierung geschlossen. Der schwedische Konzern schloss darüber hinaus etwa 20 seiner 500 Filialen und musste einen Umsatzrückgang von 25 % hinnehmen.

Heute leitet Magnus sein eigenes Unternehmen namens Tritanium Ventures, das versucht, kleinere und nischenorientierte Modemarken nach China zu bringen. Wie ich ist auch er der Meinung, dass diese Probleme hätten vermieden werden können. Als ich ihn fragte, was er anders gemacht hätte, sagte er: „Ich würde immer den Chinesen am Tisch fragen. Vielleicht sind sie nicht so wortgewandt wie der Schwede, aber sie werden eine wichtige Perspektive einbringen."

Ich habe ihn auch gefragt, wenn er heute eine Marke wäre und in den Markt eintreten würde, welche drei Grundsätze er befolgen würde. „Forschung betreiben. Konzentriere dich auf die Marke. Und der Westen ist nicht der Beste."

„Ich würde mir ansehen, welche Marken gut laufen, welche Trends es gibt und wie man die Unterschiede ergänzen kann. Sind Sie einzigartig? Nutzen Sie das, um mit Ihrem Branding einzusteigen. Machen Sie eine Seeding-Kampagne. Seien Sie subtil. Sie können eine Kampagne mit LRB, WeChat, Influencern starten und Tmall als Verkaufsplattform nutzen. Es gibt so viele Dinge auf Tmall. Nutzen Sie Alimama, um die RICHTIGEN Besucher anzusprechen."

„Was den E-Commerce angeht, ist der Westen nicht der Beste. Man kann viel von China lernen und wie man den chinesischen Verbraucher anspricht und dies dann im Westen anwenden. Trends werden in China gesetzt und können sich im Westen weiterentwickeln. Man muss neugierig sein. Aber deshalb macht es ja auch Spaß."

China, ein strategischer Markt für Adidas

Es war 2009, die erste Double-11-Kampagne für Tmall. Damals hieß sie noch Taobao Mall. Nur Marken wie Nine West und Jack Jones waren auf der Plattform vertreten. Als der damalige Senior Leader im Digitalbereich zu Adidas kam, der hier nicht genannt werden möchte, machte er im Januar 2016 einen strategischen Schritt. Er bekam einen Fuß in die Tür des größten Verbrauchermarktes der Welt. Damals war der Anteil der Verkäufe in China am gesamten Weltmarkt miserabel, und das lag nicht daran, dass China nicht funktionierte. Sein E-Commerce-Team bestand aus zwei Mitarbeitern; die Strategie auf Tmall bestand darin, alles zu verkaufen, was von den reduzierten Artikeln aus den physischen Geschäften übrig war; China wurde als Markt weitgehend übersehen. Heute, fünf Jahre später, ist das China-Geschäft das profitabelste und am schnellsten wachsende. Sein interner Marktanteil übertrifft den von Europa und Amerika.

Nike war im Jahr 2015 einen Schritt voraus. Beide Unternehmen arbeiteten mit BCG zusammen, die beide Marken auf Tmall verwiesen hatte. „Um mit dem, was es da draußen gibt, eine Größenordnung zu erreichen, müssen Sie mit der Plattform zusammenarbeiten", so der Rat von BCG. Aber nicht viele Marken haben dies erfolgreich getan. Nike investierte stark in sein eigenes Ökosystem, während Adidas alles daran setzte, Tmall als Partner zu gewinnen.

Als Adidas hinzukam, bestand die anfängliche Strategie darin, sich auf die Neukundengewinnung zu konzentrieren und dann den Lifetime Value jedes Kunden zu genießen. Im Gegensatz zu anderen Marken, die sich der Plattform nähern, wollte er sich nicht als Discount-Plattform sehen. Seine erste Schwierigkeit bestand darin, ein Team zusammenzustellen: einen Anbieter auswählen, ein Team einstellen und die richtigen Waren auswählen.

Wie bei jedem anderen Produkt auf dem Markt liegt der Unterschied zwischen Ihnen und einer bloßen Ware darin, wie Sie Ihre Geschichte erzählen. „Wenn Sie kein Apple sind, was werden Sie tun, um eine Schlange vor Ihrem Laden zu verursachen?" Für die nächsten Jahre nannte er drei Schlüsselbegriffe: Premium, personalisiert und vernetzt.

Heute ist das Geschäft zu 25 % online und zu 75 % offline, aber der größte Teil des Einflusses entfällt auf Online. „Wenn wir es auf den Punkt bringen, geht es bei der Digitalisierung um Einfluss und Umsatz", sagte er. „Die Verbraucher in den Geschäften schauen erst offline und dann online. Sie sehen sich Bewertungen und nutzergenerierte Inhalte an. Stellen Sie sich vor, es gäbe diesen Online-Teil nicht."

Er sagt voraus, dass China für jedes Unternehmen auf dem Markt für langlebige Gebrauchsgüter der wichtigste Markt oder zumindest einer der zwei oder drei wichtigsten Märkte sein wird und dass globale Marken ihr Produktdesign und ihre Technologie zunehmend in China ansiedeln werden. Ein chinesisches Vorstandsmitglied ist wahrscheinlich etwas, das große Marken in Betracht ziehen sollten. So kann China auch dann überleben, wenn geopolitisch etwas passiert. „Die Mauern könnten größer werden, was eine Zweiteilung der Strategie rechtfertigt. Was passiert in Festlandchina und was passiert außerhalb."

„Ein großer Teil der Zukunft dreht sich um Nachhaltigkeit", sagte er. Bald sollen 80 % der Adidas-Produkte aus nachhaltigen Materialien hergestellt werden. Die Lieferkette des Unternehmens hat sich zum Ziel gesetzt, Plastik zu eliminieren. „Sie wird so wichtig sein wie die Digitalisierung im Jahr 2010. Vorhaben, die einem übergeordneten Zweck dienen, haben eine größere Überlebenschance."

Wir haben bereits eine Trendwende auf dem Markt der Generation Z beobachtet, die bereit ist, für ein CO_2-neutrales Konzept mehr zu bezahlen. Als jemand, dem die Umwelt sehr am Herzen liegt, hoffe ich auch, dass er Recht hat.

Auswirkungen des elektronischen Geschäftsverkehrs auf Gesellschaft und Umwelt

Eine andere Art, den E-Commerce zu betrachten, ist einfach eine alternative Betrachtungsweise des Einzelhandels und des Handels im Allgemeinen, die sich weiter in den allgemeinen Handel einfügt. In dem Maße, in dem die Welt den E-Commerce immer mehr annimmt, nimmt sie auch den Handel und den Konsum immer mehr an. Dies hat natürlich viele Auswirkungen auf die Gesellschaft aus sozioökonomischer und ökologischer Sicht.

Der Einfluss des E-Commerce auf die chinesische Gesellschaft

Wenn 986 Millionen Chinesen Zugang zum E-Commerce haben, wirkt sich das in sozialer und wirtschaftlicher Hinsicht auf eine ebenso große Zahl von Menschen in China aus. Wenn in China neue Marken entstehen, werden lokale Ressourcen verbraucht, lokale Fabriken schaffen mehr Arbeitsplätze und die Verbraucher haben mehr Auswahl beim Einkauf. Die wachsende Zahl von Marken und Akteuren verschärft den Wettbewerb und fördert die Qualität der hergestellten Produkte sowie die Innovation in den einzelnen Sektoren, um Wettbewerbsvorteile auszubauen.

Der E-Commerce wurde als Mittel zur Förderung des Unternehmertums und der Armutsbekämpfung hervorgehoben. Livestreaming bietet Landwirten die Möglichkeit, dem Rest des Landes zu zeigen, wie Bauernhöfe aussehen, wie Früchte produziert werden, und stellt eine Verbindung zwischen Stadtbewohnern und Landbewohnern her. Hunderte neuer Berufe sind durch den E-Commerce entstanden: von Livestream-Moderatoren über Ladenmanager bis hin zu Datenanalysten für den E-Commerce.

Der E-Commerce hat sich jedoch nicht für alle als vorteilhaft erwiesen. Kleine Tante-Emma-Läden und Offline-Fachgeschäfte, die von hart arbeitenden Familien eröffnet wurden, sind bei dieser Entwicklung des Einzelhandels in Vergessenheit geraten, da die Verbraucher die digitale Technik angenommen haben. Diejenigen, die nicht über digitale Kenntnisse verfügen, wie Senioren und Behinderte, hatten es ebenfalls schwerer, sich auf diese Veränderungen einzustellen. Ich erinnere mich an ein Video, das auf Douyin viral ging und einen siebzigjährigen Mann zeigte, der in einen Supermarkt ging, um Trauben zu kaufen, und später von der Polizei festgenommen wurde, weil er nicht elektronisch bezahlen konnte und nur Bargeld bei sich hatte. Das digitale Zeitalter hat auch die traditionellen Kassierer und Einzelhandelsangestellten arbeitslos gemacht. Traditionelle Einkaufszentren werden immer weniger frequentiert und stehen kurz vor der Schließung. Selbst in den ländlichen Gebieten Chinas beginnen sich diese Räume zu verändern.

Die Auswirkungen des E-Commerce auf das ländliche China

Jack wählte das ländliche China als eine seiner wichtigsten strategischen Säulen und startete vor einigen Jahren das ländliche Taobao-Modell in Form von Taobao-Dörfern.

Ich besuchte das ländliche Taobao-Dorf Ulanqab in der Inneren Mongolei, wo Taobao 2018 mehrere Offline-Standorte ausgewählt hatte, um den Marktanteil in der Region zu erhöhen. Physische Standorte wie dieser wurden als zentrales Gemeinschaftszentrum genutzt, um den Menschen im Dorf zu helfen, Dinge bei Taobao zu bestellen. Sie dienten auch als Abholstation, wenn Pakete ankamen. Die digitalen Analphabeten verließen sich auf die Leute im Taobao-Shop, um ihre Handys aufzuladen, Stromrechnungen zu bezahlen und grundlegende Waren wie Kleidung oder Möbel zu kaufen.

Auf meiner Reise lernte ich ein Wort, das zur Beschreibung dieser Art von Orten verwendet wurde, das 993861-Dorf. 99 bezeichnete die Senioren, denn 99 bedeutet auf Chinesisch „lange leben"; 38 bezeichnete die Frauen, denn der 8. März ist der Internationale Frauentag; 61 bezeichnete die Kinder, denn der 1. Juni war der chinesische Kindertag. Dies bedeutete, dass das Dorf die meiste Zeit des Jahres von Senioren, Frauen und Kindern bevölkert war, da die jungen Männer anderswo arbeiteten und den Lebensunterhalt verdienten. Einige dieser Läden wurden zu Supermärkten, Convenience Stores, Freizeitzentren für Kartenspiele und Kinderbetreuung. Sie wurden im Wesentlichen zu Gemeinschaftszentren für diejenigen, die tagsüber untätig waren. Für die 560 Millionen Menschen, die in ländlichen Gebieten leben, waren solche Gemeinschaftszentren eine starke Stütze in ihrem System.

4 ANWENDUNG   163

Foto aus einem ländlichen Taobao-Laden in Ulanqab, Innere Mongolei

IST DER E-COMMERCE BESSER FÜR DIE UMWELT?

Vielleicht könnte man allein über dieses Thema ein ganzes Buch schreiben, insbesondere im Zeitalter der Klimasensibilität, in dem wir uns befinden. China hat seine Sorge um die Umwelt bereits zum Ausdruck gebracht, nachdem es jahrzehntelang eine rasante wirtschaftliche Entwicklung erlebt hat, die zu massiven Investitionen in die Produktion geführt hat. Während das Land seine Wirtschaft auf wissensbasierte Dienstleistungen umstellt, hat die chinesische Regierung auch ihre kurzfristigen Umweltziele projiziert: Sie will bis 2030 den Höhepunkt der Emissionen erreichen und bis 2060 vollständig CO_2-neutral sein.

Insgesamt behauptet Oliver Wyman, dass der E-Commerce gut für die Umwelt ist. „Die Umweltauswirkungen des E-Commerce scheinen positiv zu sein. Offline-Einkäufe verursachen zwischen 1,5- und 2,9-mal mehr Treibhausgasemissionen als Online-Einkäufe." Der E-Commerce erfordert mehr Lieferwagen für die Auslieferung, aber es gibt viel mehr Akkumulation in den Routen im Vergleich zu den Fahrten mit einem Einfamilienwagen. Die Flächennutzung für den E-Commerce ist geringer als für den physischen Einzelhandel, wenn mehrere physische Standorte im ganzen Land eröffnet werden müssen.

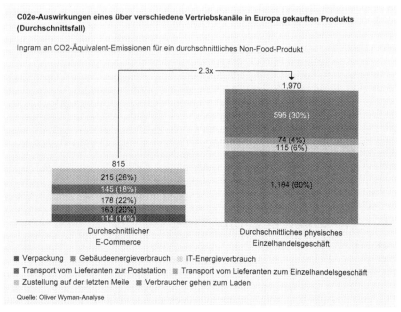

Oliver Wyma n Bericht über die Auswirkungen des elektronischen Handels auf die Umwelt

Der größte Unterschied bei den Emissionen besteht in der Auslieferung. Während im stationären Handel alle Kunden in die Filiale kommen, kann die E-Commerce-Abteilung desselben Ladens eine einzige Route für alle Lieferungen an die Kunden haben. Außerdem kann die Menge an Strom, die benötigt wird, um ein Geschäft auch bei geringer Kundenfrequenz offen zu halten, im Vergleich zu den wenigen Servern, die ein E-Commerce-Geschäft benötigt, verschwenderisch sein. Und schließlich muss die Menge an Verpackungen, die beim E-Commerce anfällt, aus nachhaltig beschafften und biologisch abbaubaren Materialien hergestellt werden, um die Umweltbelastung zu verringern. Da die Verbraucher immer mehr Lust haben, frische Produkte online zu kaufen, werden wir vor allem bei Kühlkettenprodukten auf ein immer größeres Problem stoßen. Als wir bei Tmall Food mit Kühlkettenprodukten zu tun hatten, verdoppelte sich der Verpackungsaufwand, da die Marken auch Trockeneis und Styropor benötigten, um die Artikel kühl zu halten, bis das Produkt den Kunden erreichte. Dabei sind noch nicht einmal die Kühltransporter berücksichtigt, die bei anderen Temperaturen arbeiten als ein normaler Lkw.

Meine Zeit in China hat sich in Bezug auf die Nachhaltigkeit sicherlich stark von meiner Ausbildung in Kanada unterschieden. Ich erinnere mich, dass wir im Alter von etwa zehn Jahren ausrechnen mussten, wie viele Planeten benötigt würden, wenn jeder meinen Lebensstil führen würde. Die Schüler lernten Recycling, bevor sie Algebra lernten (falls Sie diesen Test noch nie gemacht haben, finden Sie hier eine gute Website dafür: footprintnetwork.org). Das Thema Nachhaltigkeit nimmt in China jedoch erst allmählich Gestalt an. In meiner Wohnanlage in Hangzhou wurde erst 2020 mit dem Recycling begonnen. Es ist also unnötig zu sagen, dass China noch weit davon entfernt ist, das gleiche Maß an Verbraucherinteresse zu erreichen wie der Westen. Aber wenn China etwas schnell umsetzen will, dann verschwendet es auch keine Zeit. Schon jetzt sehe ich in China „CO_2-neutrale" Verpackungen, und die Generation Z entscheidet sich für wiederverwendbare oder recycelbare Produkte. Es gibt einen bevorstehenden Trend, der darauf hindeutet, dass etwas, das umweltfreundlich ist, tatsächlich trendiger ist als etwas, das es nicht ist.

TMALLS BLICK AUF DIE GRÜNE REVOLUTION

Zu Double 11 im Jahr 2021 können die Verbraucher erstmals Gutscheine für umweltfreundliche Produkte einlösen, und die Kartons werden in den 60.000 Cainiao-Depots in ganz China recycelt. Alibaba fördert das umweltfreundliche Einkaufen auch mit einem grünen Marktplatz, auf dem Kunden grüne Gutscheine und andere Angebote für ihren Versand erhalten können.

Dieser Double 11 mit der Eröffnung einer speziellen Kampagnenseite, die Produkten gewidmet ist, die dem gleichen „grünen" Trend folgen, wird in Zukunft die Richtung vorgeben. Es würde mich nicht überraschen, wenn das Taobao-Produkt später mit einer Registerkarte mit Informationen über die CO_2-Menge, die ein Produkt erzeugt, aufgewertet würde, um die Verbraucher zum Kauf umweltfreundlicherer Produkte zu bewegen. Wie bei den meisten Dingen in China gilt auch hier: Wenn die Regierung etwas erreichen will, werden sich die Unternehmen diesem

Trend anschließen, was sich später auch auf die Verbraucher auswirken wird, die diesen Trend ebenfalls annehmen.

Taobao-Screenshot des grünen Marktplatzes 2021 D11

JENSEITS VON CHINA

Herzlichen Glückwunsch, Sie sind fast am Ende des Buches angelangt! Danke, dass Sie mir bis zum Ende gefolgt sind. Bevor wir unser Buch abschließen, möchte ich jedoch noch einige weitere Informationen geben, die für alle Leser da draußen nützlich sein könnten. Chinas Fortschritte im E-Commerce und im Einzelhandel werden als Blaupause für weitere Plattformen auf der ganzen Welt dienen. Alibaba hat im Laufe der Jahre verschiedene E-Commerce-Plattformen in Südostasien, Südasien und Afrika erworben und in sie investiert und ist dabei, bestimmte Märkte in Europa zu erschließen. Nachfolgend sind jedoch einige Marktplätze aufgeführt, die für Marken eine große Ähnlichkeit mit Tmall auf dem Festlandchina aufweisen.

Tmall HK

Im vierten Quartal 2020 begannen wir mit der Planung von Tmall HK und starteten offiziell im Mai 2021. Dies ist die erste Tmall-Präsenz außerhalb der chinesischen Grenzen mit lokalen Händlern und lokaler Lieferung. Es gibt vier Hauptunterscheidungsmerkmale, durch die sich Tmall von den lokalen Apps unterscheidet, wobei der Hauptkonkurrent HKTV Mall ist.

1. 7 Tage Rückgabe
2. Lokale Zustellung
3. Freie Logistik
4. Markenprodukte

Durch die Teilnahme an diesem Projekt konnte ich sehen, wie man eine E-Commerce-Plattform von Grund auf aufbaut. Von der anfänglichen Marktforschung in der Region über die Entscheidung, welche Kategorien am besten geeignet sind, um Händler anzuwerben, bis hin zum Aufbau bestimmter Produktmerkmale und der Entwicklung eines tragfähigen Logistikplans – das Projekt ist eine sich ständig weiterentwickelnde Reise.

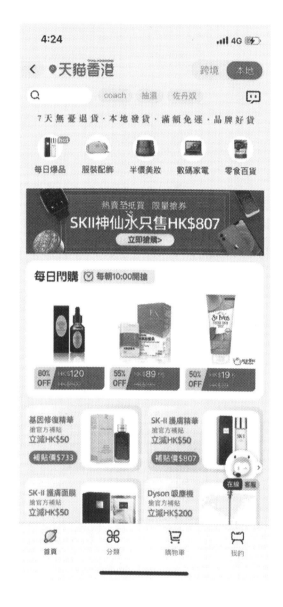

LAZADA

Lazada hat sich seinen Namen durch den Verkauf von Elektronikartikeln hauptsächlich als C2C-Marktplatz gemacht. Die Plattform hat ein ähnliches Image wie Tmall HK mit 100%iger Authentizität, 15-tägigem Rückgaberecht und Lieferung am nächsten Tag. Lazada funktioniert auf ähnliche Weise wie Tmall: Marken eröffnen ein Geschäft auf LazMall. Einer der Vorteile eines Tmall-Flagship-Stores ist die Möglichkeit, sich im System zurechtzufinden.

Lazada ist ein B2C-Marktplatz, der sechs Länder in Südostasien bedient: Singapur, Malaysia, Indonesien, Thailand, Vietnam und die Philippinen. Lazada bietet sowohl ein inländisches als auch ein grenzüberschreitendes Modell für Händler, die nicht über lokale Einheiten, Logistik- und Abwicklungskapazitäten in jedem Markt verfügen. Bedeutet das, dass Sie, wenn Sie bereits eine Tmall-Marke sind, direkt auf Lazada und den südostasiatischen Markt zugreifen können? Nun, ich würde sagen, es ist viel einfacher für Sie, aber es ist nicht automatisch, zumindest nicht zum Zeitpunkt des Schreibens. Marken müssen einen weiteren Flagship-Store eröffnen und können dann die Produkte in ihren Lazada-Store kopieren, aber Südostasien ist bereit, die nächste Region zu sein, die in den nächsten zehn Jahren einen Wachstumsschub erleben wird. Es ist eine ausgezeichnete Wirtschaft, in die man investieren kann.

Lazmall Maybelline Flagship Store

Anhang A. Epilog

Als ich zum ersten Mal in China ankam, sagte mir einmal jemand, wenn keine Waren über die Grenzen kämen, würden Soldaten kommen. Das ließ meine unermüdliche 996-Arbeitswoche plötzlich etwas motivierender erscheinen. Wenn ich dazu beitragen konnte, den Dritten Weltkrieg zu stoppen, war ich voll und ganz dafür.

Ich stelle einen Unterschied in der Stimmung fest, der im Gegensatz zu der Stimmung vor Jahren steht. Wenn ich heute bei einem chinesischen Abendessen in China sitze, fragen meine Verwandten, *ob jeder in Amerika eine Waffe besitzt. Warum sind die Covid-Fälle so hoch, sind sie nicht in der Lage, ihre eigenen Leute zu kontrollieren?* Und wenn ich mit Amerikanern zu Abend esse, fragen sie zu oft: *Fühlst du dich in China nicht gehemmt? Sind die Menschen dort glücklich?* Wenn ich ja sage, drängen sie weiter, *aber wie können sie das sein, bei all den Einschränkungen und der Unfreiheit?* Ich bin immer in der Mitte gefangen und versuche, beide Seiten dazu zu bringen, die jeweils andere Seite ein wenig besser zu verstehen.

China ist wie ein missverstandenes Tier, das nicht weiß, wie es sich erklären soll, weil es so einzigartig und kompliziert ist. Ich hoffe, dass der westliche Blick auf China über Kung-Fu, Nachahmer und sein politisches System hinausgeht, denn unter der Oberfläche gibt es so viel mehr.

In diesem Jahrhundert experimentiert China unaufhörlich und hat ein rachsüchtiges Streben nach Wachstum. Nach den Jahren des Opiumkriegs sah China später die Wirtschaftsreform von Deng Xiao Ping als Erlösung an. Nun, da der amerikanische Traum weltweit für Schlagzeilen sorgt, versucht der chinesische Traum, etwas Ähnliches zu erreichen. Ein großer Unterschied besteht jedoch darin, dass die Dinge nicht in absoluter Eigenregie durchgeführt werden können. Es gibt eine unsichtbare Hand, die diese unternehmerischen Kräfte lenken wird. Schließlich ist es diese zentrale Koordination, die es dem Land ermöglicht, mit der heutigen Geschwindigkeit zu wachsen.

Wenn ich eine Sache nennen kann, in der China außergewöhnlich gut ist, dann ist es die Koordination. Die Fähigkeit, tausend oder eine Million verschiedener Akteure in eine Richtung zu treiben, hat eine enorme Kraft für den Einfluss, den diese Gruppe auf die Welt haben kann. Technisch gesehen finden derartige Bewegungen überall auf der Welt statt. Aber in China gehen diese Bewegungen schnell vonstatten und werden mit vielen langfristigen Plänen sorgfältig ausgewählt. Und genau diese rechtzeitige Koordinierung ist es, die China meiner Meinung nach in Zukunft zu einem ganz besonderen Ort machen wird.

Als Angestellte eines Unternehmens, das orangefarben war, habe ich selbst ähnliche Dinge erlebt. Und als jemand, der in einer westlichen Welt aufgewachsen ist, hatte ich meinen Anteil an Anpassungen. Vielleicht erzähle ich in meinem nächsten Buch der Welt die Geschichten, die ich während meiner Arbeit bei Alibaba erlebt habe. (Wenn Sie daran interessiert sind, lassen Sie es mich bitte über meine sozialen Netzwerke wissen!) Ich würde mich stärker auf den kulturellen Unterschied konzentrieren, um die Schwierigkeiten, die die beiden Welten mit sich bringen, hervorzuheben. Und vielleicht kann ich zwischen den Zeilen die Erkenntnis vermitteln, wie diese beiden Akteure miteinander arbeiten können.

Wenn eine der Geschichten oder Informationen für Sie nützlich war, lassen Sie es mich bitte wissen. Ich lese alle Ihre Nachrichten und E-Mails. LinkedIn ist ein einfacher Kanal für mich. Ich würde gerne hören, was Sie über den Inhalt denken und was ich als Nächstes schreiben sollte!

Bis zum nächsten Mal.